HIDDE DE VRIES

WORK SMART PLAY SMART

FOCUS RECHARGE REPEAT

COLOFON

Auteur
Hidde de Vries

Redactie
Kyra Geerts

Eindredactie
Vera Spaans

Ontwerp en vormgeving
Niels Stavorinus

Illustraties
Tim Hengeveld

Opmaak
Present Savvy

ISBN boek 9789082034745
ISBN e-book 9789082034790

Uitgever
The Recharge Company
Frederiksstraat 12-1
1054 LC Amsterdam

Eerste druk 2021
Tweede druk 2021
Derde druk 2022
Vierde druk 2022
Vijfde druk 2022

www.worksmartplaysmart.nl

Hidde de Vries (1978) is oprichter van het trainingsbureau The Recharge Company en bedenker van het Rechargeprogramma. Daarnaast is hij spreker en columnist voor RTL Z op het gebied van vitaliteit en persoonlijke ontwikkeling.

in LINKEDIN.COM/IN/HIDDEDEVRIES32/

‘The pace of change today, is the slowest pace any of us will experience for the rest of our lives. We’ll need to work smarter.’

MATT BRITTIN, PRESIDENT EMEA, GOOGLE

'Als je wilt begrijpen waarom we doen wat we doen. Een nuchtere kijk op een complex onderwerp. Vol praktische handvatten om beter te worden in doen wat voor jou werkt.'

MARCIA GODDARD, CHIEF PEOPLE & CULTURE BIJ TONY CHOCOLONELY

'Hidde beschrijft in zijn boek hoe je door aandacht voor je wellbeing en een scherpere focus meer kunt bereiken. En wat ik er zo mooi aan vind: het verandert niet alleen jezelf, maar ook je omgeving.'

IRENE VERNIE, HR DIRECTEUR RITUALS

'Concreet, goed onderbouwd en vermakelijk. Bruikbare tips en tricks voor iedereen om te werken aan mentale en fysieke gezondheid.'

NIELS KOEKKOEK, DELOITTE FIT

'Ik heb de laatste tijd voor Kukuru veel gelezen op dit vlak, maar door dit boek van Hidde had ik er wel een paar kunnen skippen. Uit eigen ervaringen geeft hij praktische tips voor iets wat we allemaal meer zouden moeten doen. Recharge! Tegelijkertijd inspireert hij na elk hoofdstuk met genoeg nieuwe talks, video's en boeken. Een belangrijke vraag in dit boek die volledig wordt ontleed, is: moet ik dit nu doen? Het antwoord op deze vraag of je dit boek moet lezen is volmondig ja!'

GIEL BEELEN, RADIO-DJ & OPRICHTER KUKURU.NL

‘Voor mij als beginnend leidinggevende een enorm waardevol boek. Vlot geschreven en met zoveel goede tips. Schrijf ze op, bewaar ze en vergeet niet om er regelmatig weer even naar te kijken.’

MAAIKE HOMAN PLV. CHEF RTL Z / RTL NIEUWS

‘Wat een mooi samenspel van verschillende invalshoeken en filosofieën om het leven bewust ultiem te leven! Echt een aanrader voor eenieder die wil genieten van het leven, zowel zakelijk als privé, en dit graag met anderen wil delen.’

MASCHA DRIESSEN, VICE PRESIDENT MICROSOFT ADVERTISING EUROPE

‘*Work smart play smart*’ is niet het zoveelste boek in de categorie ‘zelfhulp’ maar een overtuigend en tijdloos document waarin theoretische kennis en praktische tips worden afgewisseld met inspirerende verhalen. Zonder twijfel een toekomstige klassieker.’

MARCO VAN DEMEN, HEAD OF MARKETING ENTERTAINMENT CHANNELS
BIJ THE WALT DISNEY COMPANY

‘Alles wat ik op school had moeten leren over mindset gecombineerd met storytelling en (wetenschappelijke) kennis. We moeten niet harder werken, maar meer ontspannen. Helder en toepasbaar. Je laadt letterlijk op tijdens het lezen.’

NIEK VAN DEN ADEL, GLOBAL KEYNOTE SPEAKER & BESTSELLERAUTEUR

‘Een must-read voor iedereen die wil leren hoe je aan het einde van een werkdag nog energie kan overhouden.’

ALBERT SONNEVELT, PSYCHOLOOG & EXECUTIVE COACH

‘Energie en flow ervaren tijdens het werk, dat geeft plezier en zingeving aan je leven. In dit boek geeft Hidde aansprekende voorbeelden hoe we dat slimmer kunnen doen. Hoe dat niet alleen resultaat oplevert voor medewerkers zelf, maar ook voor hun teams, klanten en communities. Dit boek hoort thuis in de boekenkast van elke Wellbeing Leader!’

HEBE BOONZAAIJER, LEAD HEALTH & WELLBEING OFFERING, HUMAN CAPITAL CONSULTING, DELOITTE

‘De podcast die ik met Hidde in 2018 opnam is een van de best beluisterde. En terecht. Hidde heeft een waanzinnige methode ontwikkeld voor meer energie, focus en geluk. Superconcreet, daar houd ik van. Net als dit boek. *Work smart play smart* leest makkelijk weg en zit vol direct toepasbare tips.’

THIJS LINDHOUT, KEYNOTE SPEAKER & OPRICHTER 100% INSPIRATIE PODCAST

‘Hidde leert hoe je je persoonlijke geluk en het geluk van je omgeving ten positieve kan beïnvloeden door je te richten op de routines die energie geven. Hiermee kan je echt grenzeloze resultaten behalen, als individu en als geheel.’

CONSTANCE SCHOLTEN, CEO EARTHTODAY & VENTURE PARTNER SLINGSHOT VENTURES

‘Elke sporter weet: na inspanning, komt ontspanning. Zover ik weet is er nog nooit iemand ziek geworden van te hard werken… maar wel van te weinig ontspannen! Dit boek staat vol praktische tips om weer maximaal op te laden en anderen hiermee te inspireren, dus geef het door.’

KLAAS KOSTER, VITALOOG EN OPRICHTER VAN VITALOGISCH & DE VITACADEMIE

‘In een ruk uitgelezen. Inhoudelijk sterk en leest lekker weg. Hidde heeft het zeer praktisch gemaakt.’

MARK TIGCHELAAR, BESTSELLERAUTEUR & FOCUSEXPERT

‘Onze levens worden steeds drukker en voller. Doordat we altijd bereikbaar zijn en ‘aan’ staan, is het soms lastig de juiste balans te vinden. Hidde de Vries laat je op een losse en informatieve manier zien hoe je je op je belangrijkste kwaliteiten kunt focussen, waardoor het leven vanzelf een beetje lichter en overzichtelijker wordt.’

JUDITH ZILVERSMIT, CHEF PS, HET PAROOL

‘De *one size fits all*-strategie van personeelsmanagement is al zo lang passé, maar zie je wel telkens weer terugkomen. Hidde geeft de werknemer hier de inzichten om zelf de touwtjes in handen te nemen. Leuk en concreet geschreven, met veel theorie, voorbeelden en praktische uitleg.’

HANS FABER, GLOBAL HR DIRECTOR SCOTCH & SODA

INHOUD

INLEIDING

Hoe groot is de markt voor huis-aan-huisfolders in Nederland? Met deze vraag begon tien jaar geleden mijn sollicitatiegesprek bij Google in Ierland. Het antwoord is eigenlijk niet zo interessant. De manier hoe je erop komt des te meer. Die is van belang om inzicht te krijgen in je probleemoplossend vermogen. Een methodiek waar Googles sollicitatieprocedure destijds berucht om was. De beweegreden voor mij om bij Google te solliciteren was anders dan die van mijn collega's, maar gelukkig mocht ook ik na deze vraag, en na nog zeven andere sollicitatiegesprekken, mijn hebben en houden pakken en emigreren naar Dublin.

Een paar maanden eerder had ik het mediabedrijf dat ik samen met een vriend runde moeten sluiten. De financiële crisis in 2010 hadden we niet overleefd. Al vanaf januari van dat jaar wees alles erop dat we het niet gingen redden. Onze accountant bleek de cijfers niet op orde te hebben. Dat kan heel lang goed gaan, zolang er geld op de bank staat. Maar dat geld kwam door de crisis niet meer binnen. We stevenden al vanaf het begin van dat jaar af op een faillissement. Het was een tijd die gekleurd werd door mensen die op geld zaten te wachten, hun advocaten en deurwaarders. Gelukkig hadden we een stip op de horizon.

In oktober hadden we een groot event in de planning staan. Ik wist dat als we het uit konden zingen tot aan dat event, we dan iedereen konden afbetalen. Ik had daarmee mijn doel haarscherp voor ogen. Ik wist waar ik naartoe wilde en waarom dat belangrijk was. Het was keihard werken, maar het is gelukt. We hebben het faillissement af kunnen wenden. Wij konden iedereen afbetalen en ons bedrijf op break-even afsluiten. Ik zat er zelf alleen volledig doorheen. Een jaar lang negatieve energie, lange dagen, veel stress en een uitputtende leefstijl hadden hun tol geëist. Niet alleen was ik mijn bedrijf kwijt, ik had geen inkomen meer. De relatie met mijn toenmalige vriendin, met wie ik ook samenwoonde, was op de klippen gelopen. Ook niet vreemd, aangezien ik op het einde niets anders meer kon doen dan werken. Nu had ik geen appartement meer en sliep ik bij een vriend op de bank. En ook mijn energie was volledig opgebrand.

Toch zag ik geen urgentie om even rust te nemen. Sterker nog, en misschien herken je dit wel, ik voelde eigenlijk de noodzaak om nog harder te gaan werken. Ik moest een nieuw inkomen, een nieuw bedrijf, een nieuw appartement. Ik voelde een enorme druk, maar ook schaamte dat het niet was gelukt om het bedrijf door deze crisis heen te loodsen. Ik wilde zo snel mogelijk doorpakken met een nieuwe oplossing, het op de een of andere manier rechttrekken. Tot dat ene telefoontje. De vriend die mij belde, kende ik als enorm enthousiast, energiek en positief. Maar nu bleek al snel dat hij in een burn-out zat. Hij sprak tergend langzaam, herhaalde zichzelf en brak halverwege het gesprek in tranen uit. Dit was mijn wake-upcall. Nog voordat het gesprek afgerond was, had ik mijn besluit genomen. Dit was niet mijn voorland. Ik ging mezelf niet nog verder uitputten om maar te voldoen aan het gewenste plaatje.

Op dat moment veranderde er ook iets in mijn hoofd, in mijn mindset. Ik had geen bedrijf meer, geen werk, geen appartement, geen vriendin. Met andere woorden, ik was zo vrij als een vogel. En dat voelde lekker! Er was praktisch niets veranderd in de de afgelopen tien minuten, maar de wereld voor me was opeens een kleurrijk avontuur vol mogelijkheden. Uiteindelijk duurde het nog acht jaar voor ik volledig besefte wat er was gebeurd. Hoe ik ellenlange dagen en weekenden door had kunnen gaan terwijl de sfeer steeds grimmiger werd.

In plaats van een baan zoeken, ben ik op zoek gegaan naar een open vliegticket. Ik heb geld geleend en ben mezelf letterlijk gaan rechargen. Ik heb de tijd genomen om alles van de afgelopen jaren te laten bezinken. Het werd een fantastische reis, waarbij ik mezelf behoorlijk ben tegengekomen en waarin ik ontzettend veel heb geleerd. Tijdens mijn tocht kwam ik vrij snel op twee inzichten. Eén: we krijgen het allemaal steeds drukker en twee: we gaan daar steeds slechter mee om.

We krijgen het steeds drukker

Ga maar na: ons primaire doel is overleven. Dat doen we door ons voort te planten. Daar worden we steeds succesvoller in. In 1925 waren er 2 miljard mensen op aarde. In 2025 zijn we al met 8 miljard. Dat is vier keer zoveel in de afgelopen honderd jaar. Om ons voort te planten moeten we gezien worden, relaties aangaan. In dat kader komen we allemaal samen in dezelfde steden, dezelfde bedrijven, dezelfde gebouwen. Het kost steeds meer moeite om daarbinnen niet op te gaan in de massa. Om jezelf te laten zien. Om op te vallen tussen je collega's en concurrenten. We krijgen steeds meer ontwikkelingen die dat faciliteren, maar daardoor voelen we ons ook steeds meer gedwongen om van al die ontwikkelingen gebruik te maken. We krijgen het dus steeds drukker. Vooral mentaal.

De technologische evolutie om ons hierbij te faciliteren, gaat zelfs sneller dan de groei van de mensheid. Sinds het ontstaan van de mens een paar honderdduizend jaar geleden duurde het nog tot zo'n 3500 jaar voor Christus tot het wiel werd uitgevonden. Het duurde toen nog tot 1885, zo'n 5000 jaar later, tot de eerste auto het levenslicht zag. Maar slechts zo'n 135 jaar later kunnen we al door onze auto worden gereden. In 1903 ondernamen de gebroeders Wright de eerste vlucht. Die duurde slechts twaalf seconden. Nog geen zeventig jaar later vlogen we al naar de maan. Om nog maar te zwijgen over de digitalisering van de maatschappij in de laatste dertig jaar. Matt Brittin, destijds vicepresident van Google Europa, zei het een keer heel treffend toen we spraken over het welzijn van onze collega's: "*The pace of change today, is the slowest any of us will experience for the rest of our lives. We'll need to work smarter.*" De snelheid van de veranderingen die we nu ervaren, is de langzaamste die we ooit nog zullen ervaren. We zullen slimmer moeten gaan werken.

We gaan daar steeds slechter mee om

Meer mensen, betere techniek, hogere werkdruk. Dat gaat een keer mis. Overigens niet alleen bij de extreme gevallen, maar bij ons allemaal. Dit was al zichtbaar voor de coronacrisis, maar werd de afgelopen anderhalf jaar alleen nog maar meer duidelijk. Onzekerheid voor iedereen, hogere werkdruk en spanning voor velen, negatieve stress, slechte leefstijl. Het eist allemaal zijn tol. De gevolgen als slaapproblemen, chronische ziekten, burn-out, depressie en legio andere kwalen krijgen een steeds prominentere plek in onze maatschappij. Terwijl dat helemaal niet nodig is.

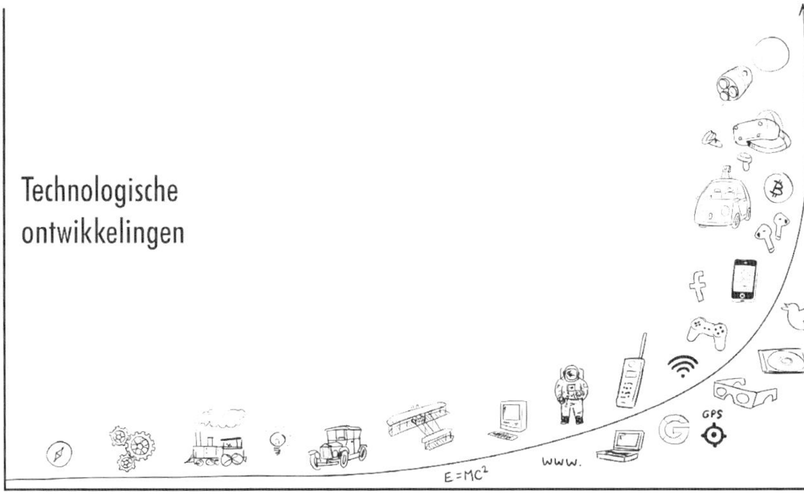

Leren om die golf van innovatie mee te pakken in plaats van overspoeld te worden en opgebrand aan te spoelen. Probleemoplossend leren denken in plaats van alleen maar brandjes blussen. Leren hoe je slimmer kunt werken in plaats van harder.

Mensen zijn geneigd, zeker onder stress, steeds harder te gaan werken. Harder werken wil alleen niet direct zeggen dat je meer gedaan krijgt. De manier waarop je werkt, heeft daar wel invloed op. De afgelopen tien jaar heb ik enorm veel zaken voorbij zien komen die daaraan bijdragen. Vaak eenvoudige inzichten die je helpen om sneller te werken, minder fouten te maken, meer voor elkaar te krijgen, maar bovenal die ervoor zorgen dat je er meer plezier in hebt. En houdt.

In de volgende hoofdstukken lopen we door het Rechargemodel heen dat al die inzichten van de afgelopen jaren samenbrengt. Ik doe dat aan de hand van aangrijpende of inspirerende verhalen, onderbouwd met wetenschappelijke onderzoeken en gestaafd met praktijkervaring. Elk hoofdstuk is voorzien van praktische tips zodat je er meteen de vruchten van kan plukken. Bovendien heb ik als afsluiting, *practice what you preach*, nog een cadeau voor je.

Als ik terugkijk hebben de inzichten uit dit boek mij al enorm veel gebracht. Sterker nog: zonder deze aanpak was ik waarschijnlijk nooit bij Google aangenomen. Het heeft er zelfs voor gezorgd dat ik in 2014 tot de beste 25 procent van alle Googlemedewerkers wereldwijd werd gerekend. Dat is bij Google best een ding. Ik heb daar niet harder voor hoeven werken. Het was zelfs het leukste jaar dat ik bij Google heb gehad, omdat ik me volledig focuste op de zaken die mij energie gaven. Dankzij de methode in dit boek heb ik in India een undercoverdocumentaire kunnen schieten over seksuele uitbuiting van kinderen en mensensmokkel. Daarmee hebben we meer dan een ton opgehaald voor het goede doel en zijn er 25 meisjes bevrijd uit de gedwongen prostitutie. Recenter heeft het Rechargemodel ons bedrijf door de lockdown heen getrokken en de mogelijkheid gegeven ons businessmodel binnen no-time aan te passen. We zijn daardoor gegroeid van twee naar elf medewerkers. Maar ook anderen heeft het geen windeieren gelegd. Mensen die aan de hand van dezelfde inzichten hun dromen wisten om te zetten in nu succesvolle bedrijven. Werknemers die hun vaste baan succesvol omruilden voor het ondernemerschap of zijn geëmigreerd. Zelfs bedrijven die hun eigen crisis overwonnen, een andere richting insloegen en nu floreren. Je hoeft er niet harder voor te werken. Alleen slimmer.

Een opmerking vooraf. Ik gebruik hier en daar Engelse termen in het boek. Sommige uitdrukkingen zijn zo ingeburgerd dat het raar zou zijn om ze te vertalen. Ook heb ik vanuit trainingsperspectief sommige modellen iets aangepast zodat ze beter aansluiten bij de huidige tijd. Om je een voorbeeld te geven: de NEA (Nationale Enquête Arbeidsomstandigheden) waarmee de huidige stand van burn-outsymptomen in kaart wordt gebracht, is al meer dan twintig jaar oud. Die stamt nog uit de tijd voordat we massaal op de mobiele telefoon overgingen (terwijl dat nou juist een van onze grootste stressoren is). Zo komen er legio praktische voorbeelden voorbij van zaken die we met kleine aanpassingen veel slimmer in kunnen zetten.

Belangrijkste uitgangspunt in dit boek is de overtuiging dat slimmer werken, maar eigenlijk alles wat je slimmer wilt doen, drie stappen kent:

Realisatie – Je bewust worden van het mechanisme erachter, realiseren waar je de winst kan behalen.

Activatie – De regie pakken, ermee gaan oefenen, het je eigen maken. Net als je spieren zul je ook slimmer werken moeten trainen.

Pay it forward – Deel je inzichten met anderen, zodat niet alleen jij maar ook je omgeving groeit. Daar groei jij namelijk ook weer van.

Inmiddels hebben we vanuit ons trainingsbedrijf The Recharge Company de mooiste ondernemingen en meer dan 30.000 mensen kunnen helpen om meer voor elkaar te krijgen en tegelijkertijd meer te genieten van hun leven. Dat maakt me niet alleen ontzettend trots, maar ook zeker van mijn zaak dat dit boek ook jou iets gaat opleveren. Niet door harder te werken, maar slimmer. Work smart, play smart.

HOOFDSTUK 1

DE KRACHT VAN DE FUTURE STATE

WAT WIL JE BEREIKEN EN WAAROM IS DAT BELANGRIJK?

"Het is vroeg op deze nu al benauwde zomerochtend. Het kwik is gestegen tot tegen de 35 graden. Ik zie zweetdruppels op eenieders voorhoofd parelen. Door de kieren in het zeil zie ik het stof opdwarrelen in de eerste zonnestralen. Overal dat stof. Ik voel de hobbels en gaten in het wegdek. De sfeer is om te snijden. Iedereen staart zwijgend voor zich uit. Af en toe hoor je kinderen op de achtergrond iets roepen. Ik versta niet wat ze zeggen. Misschien zijn ze alleen maar aan het spelen, maar dat kun je er niet echt uit opmaken. Verder is het nagenoeg stil op de weg die ons uit Kandahar leidt, een grote stad in het zuiden van Afghanistan.

Het wordt een barre terugtocht van zo'n 160 kilometer over ruw terrein. De weg is ons inmiddels bekend. We moeten een aantal grote vlaktes en nauwe valleien passeren. Allemaal situaties waarbij je snel opvalt en juist niet snel weg kan komen. Het konvooi is groot dit keer, twintig militaire voertuigen, tien brandstoftrucks en een kleine tweehonderd uiterst getrainde mannen en vrouwen met jaren ervaring. Desondanks is niemand ontspannen.

Tijdens de heenweg vanuit Tarin Kowt zijn we al een keer onder vuur genomen. Met minimaal effect, maar het benadrukt wel de aanwezigheid van Talibanstrijders in de omgeving. Afgelopen maand zijn er bovendien meer dan twaalfhonderd Talibanleden uit een lokale gevangenis ontsnapt en die schijnen zich allemaal in en om Kandahar op te houden. Volgens de laatste informatie zijn ze bezig met de voorbereiding van een grote aanval op onze eenheden in deze regio.

De afgelopen maanden hebben we veel verliezen geleden in de strijd met de Taliban. Onverwachte aanvallen en onzichtbare bermbommen hebben al het leven gekost van vier collega's, onder wie twee Nederlanders, en hebben tientallen gewonden veroorzaakt. Dit zorgt niet alleen voor verdriet onder de manschappen, maar zeker ook voor frustratie. En agressie. Een militair vecht liever van man tot man, in plaats van op deze laffe manier verliezen te moeten lijden.

De wetenschap dat het de komende uren kan uitdraaien op een groot gevecht zorgt niet zozeer voor angst, maar eerder voor een bedrukte spanning. Een aantal van ons hoopt misschien zelfs ook echt op een confrontatie. Maar als je je realiseert hoeveel Talibanstrijders er in de regio zijn, dan kun je nagaan hoe zwaar de strijd kan worden."

Aan het woord is Armand van Velzen. Armand is oprichter van Allied Forces, een trainingsbureau dat een marinierscultuur bij bedrijven implementeert en ook in al zijn trainingsprogramma's doorvoert. In een vorige carrière was Van Velzen zelf operations manager bij het Korps Mariniers, de elite van de Nederlandse krijgsmacht. In al zijn verhalen klinken de discipline, de ratio en het doorzettingsvermogen door die de jaren ervaring in uiterst penibele situaties hem hebben gebracht.

"Ons doel," vervolgt hij, "is een omgeving creëren die dusdanig veilig is dat we de leiding weer over kunnen dragen aan de Afghaanse autoriteiten, zodat wij niet meer nodig zijn. Om dat voor elkaar te krijgen, moeten we een optimaal functionerend militair apparaat hebben. Onze militaire basis in Tarin Kowt is daarbij van essentieel belang: van hieruit wordt de gehele provincie van Uruzgan beveiligd. En daar is brandstof voor nodig. Niet alleen voor alle gemotoriseerde voertuigen, maar ook voor de elektriciteit voor de airconditioning, de communicatiemiddelen en andere apparatuur."

Vanuit mijn trainingsbureau werk ik vaker samen met Allied Forces. In het kader daarvan hebben zij mij uitgenodigd deel te nemen aan een leiderschapsreis naar Ghana.[1] Een van de vaste onderdelen die wij beiden bij onze programma's hanteren is het definiëren van je einddoel. Je *future state*, zoals ze dit binnen het Korps Mariniers zo treffend noemen. Wat wil je bereiken en waarom is dat belangrijk?

"Je eigen doel bepalen is één. Daar ook aan vasthouden, zeker als er tijdsdruk en stress om de hoek komen kijken, is twee. We hebben allemaal de beste intenties en de mooiste plannen die we in de directiekamer heel goed kunnen formuleren," aldus Armand. "Maar pas als de spanning hoog oploopt en er druk op de ketel komt, ga je merken hoe krachtig het kan zijn om ook dan, *juist* dan je future state scherp te hebben en daaraan vast te houden."

Zodoende zit ik nu samen met een aantal ceo's en ondernemers diep in de jungle van Ghana. Een tocht die na onze landing nog zo'n zeven uur heeft geduurd. Net als in het Kandahar van Armand is het bloedverziekend heet. Nu alleen ook nog eens zo vochtig dat het zweet je met elke stap verder uitbreekt. Ter ondersteuning is er een handjevol lokale rangers mee, uitgerust met machinegeweren en kapmessen. Dat wapenarsenaal is niet voor niets: de kans om stropers tegen het lijf te lopen is aanwezig. Bovendien moeten we ons een weg banen door het dichtbegroeide woud. Het draagt allemaal bij aan een indrukwekkende ervaring.

Bij het kampvuur onder onze zelfgemaakte boomhut zitten mijn medeavonturiers, de rangers en Armands collega's aandachtig te luisteren naar het vervolg van zijn introductie van de future state. "Terug naar Afghanistan. Hier is onze future state de veiligheid in de regio te waarborgen," zegt Armand. "Dat is het *wat*. Het *waarom* is om de leiding weer te kunnen overdragen aan de Afghaanse autoriteiten. Onderdeel van deze future state is om het brandstofkonvooi veilig bij onze legerbasis in Tarin Kowt te krijgen. Daarna is dit specifieke project afgerond."

Armands boodschap: met dit grotere plaatje in je achterhoofd kun je veel eenvoudiger keuzes maken. "Talibanstrijders aanvallen draagt niet direct bij aan onze future state. Sterker nog, die brengt onze future state juist in gevaar: zo'n aanval verlaagt onze kansen om de regio veilig te maken. Want misschien winnen we wel deze slag, maar ontploft een van de brandstoftrucks. Dat betekent minder brandstof en minder stroom in Tarin Kowt."

Je kunt de slag verliezen, maar daarmee de oorlog winnen. Armand zegt het de Franse legerofficier en latere president Charles de Gaulle (1880-1970) bijna letterlijk na. Soms moet je ergens iets kleins laten schieten, om je grotere doel te kunnen behalen. Oftewel, *kill your darlings*. Een concept, dat we nog een paar keer tegen gaan komen, waarbij je iets waaraan je gehecht bent toch laat schieten om je op je grotere doel te richten. Dat credo heeft zich keer op keer bewezen als je kijkt naar succesvolle mensen. Als je jouw future state tot prioriteit maakt, zul je af en toe offers moeten brengen. Maar daarmee creëer je wel ruimte voor jouw hogere doel. In het geval van Armands brandstofkonvooi betekende dat het volgende: om hun future state te behalen – de regio veilig maken – moeten ze voorkomen dat ze in gevecht komen met lokale strijders. Ongeacht of ze die strijd eenvoudig zouden kunnen winnen. Ongeacht of ze strijd misschien zelfs wel het liefste aan zouden gaan.

Voor mij was mijn future state destijds het event aan het eind van jaar. Als we dat zouden halen, konden we iedereen afbetalen. Dat maakte de weg ernaartoe heel overzichtelijk. Alles wat daar niet aan bijdroeg, kon ik naast me neerleggen. Dat scheelde een enorme berg interne meetings, potentiële kansen waar ik niets mee hoefde te doen en nieuwe zaken die ik anders enthousiast had willen uitzoeken. Het valt bijna te vergelijken met een staat van flow.

Van Afghanistan naar de boardroom

Als je de future state uit het oog verliest, en dat gebeurt regelmatig, dwaal je af. Je bent bijvoorbeeld ergens gaan werken om geld te gaan verdienen zodat je meer vrijheid hebt om op reis te kunnen. Maar opeens kom je erachter dat je alleen nog maar aan het werk bent en eigenlijk helemaal geen tijd meer hebt om te reizen.

Dit geldt ook zeker in het bedrijfsleven. We beginnen met mooie doelen – daar is omzet voor nodig. Maar gaandeweg verliezen we die doelen, ons *waarom*, uit het oog en blijft alleen het omzet behalen overeind. Je ziet dit veel bij start-ups die beginnen met een mooi doel, maar gaandeweg worden ze groter en groter. Langzaamaan komt er meer op het spel te staan, komen er andere belangen en worden de idealen verruild voor hogere winstdoelstellingen.

Een van de mooiste voorbeelden hiervan is het gezondheidstechnologiebedrijf Theranos dat in 2003 werd opgericht door de toen pas 19-jarige Elizabeth Holmes. Holmes had als haar future state om een revolutie in de gezondheidszorg teweeg te brengen. Ze ontwikkelde een technologie waarbij slechts een vingerprikje bloed nodig was voor uitgebreide gezondheidsanalyses. Normaal gesproken zou hier honderd tot duizend keer zoveel bloed voor nodig zijn. Bovendien zou het bloedmonster niet opgestuurd hoeven worden naar een laboratorium, maar ter plekke geanalyseerd kunnen worden. Dit zou zelfs zo revolutionair zijn dat je gewoon bij de supermarkt een volledige bloedanalyse zou kunnen doen. Binnen vijf minuten! De Amerikaanse supermarktketen Safeway zag hier wel brood in en betaalde zo'n 350 miljoen dollar om in al haar achthonderd vestigingen een Theranossneltestmachine te laten installeren. Elizabeth raakte bezeten van haar future state en kreeg dingen voor elkaar die ongekend waren. In slechts een paar jaar tijd bouwde ze haar bedrijf op tot een tienvoudige unicorn (met een waarde van meer dan 10 miljard dollar). Elizabeth stond op de cover van alle toonaangevende media in Amerika en werd door Forbes benoemd tot jongste en rijkste *selfmade* miljardair, ooit.

Maar al na een paar jaar begon het bedrog langzaamaan zichtbaar te worden. De beloftes bleken bij lange na niet haalbaar. De techniek die ze zo overtuigend wist te verkopen, bleek simpelweg niet te kloppen. Ze had alleen inmiddels zoveel machtige kopstukken uit de Amerikaanse maatschappij (professors van Stanford, ceo's van de grootste bedrijven, senatoren en kopstukken van Defensie) aan zich verbonden dat niemand meer tegen haar in durfde te gaan. Overtuigd van haar eigen leugens kon ze ook niet meer terug. Het personeel werd bedreigd met dusdanig extreme represailles dat niemand naar buiten durfde te treden. Mensen werden zwart gemaakt, gevolgd en gemanipuleerd. Uiteindelijk was het de journalist John Carreyrou van *The Wall Street Journal* die het bedrog wist te onthullen en daarmee de grote belofte te gronde richtte.[2]

Onder aanvoering van bekende bedrijfsstrategen als Stephen Covey en Simon Sinek krijgt de future state ook steeds meer zichtbaarheid op de werkvloer. Zij benadrukken dat het essentieel is om te weten waar je naartoe wilt en vooral waarom dat belangrijk is. Of zoals Simon Sinek het formuleert: *Start with Why*, inmiddels een van de bekendste (management)strategieën wereldwijd. Het lijkt zo voor de hand liggend om eerst te bepalen wat je wilt bereiken en waarom je dat wilt. Toch is het logisch dat dit vaak misgaat, op alle niveaus. Het management bedenkt samen een paar mooie doelstellingen die mooi ingelijst en zichtbaar worden opgehangen in het kantoor, maar niemand voelt zich er intrinsiek mee verbonden. Vaak zijn het niet meer dan mooi klinkende beloftes voor de buitenwereld, waarvan de betekenis voor iedereen anders is. Mensen blijken niet op één lijn te zitten. Dat komt ook doordat er altijd mensen bij betrokken zijn. Wij kijken allemaal met onze eigen bril naar de wereld. Wat wij als waarheid beschouwen, wat voor gevoel we ergens bij hebben, wat ons motiveert, dat verschilt van mens tot mens. En dat onderlinge verschil is groter dan je denkt. Helemaal als de werkdruk toeneemt.

Hoe je naar zaken kijkt wordt veelal ingegeven door je eigen ervaringen, normen en waarden. De vaas van kunstschilder Sandro del Prete is daar een goed voorbeeld van.

Jij ziet waarschijnlijk, net als ik, meteen (en alleen) het vrijende stel op de fles. Mijn zoontje van drie ziet uitsluitend dolfijnen. Dit heeft puur te maken met je eigen ervaring (en misschien ietwat verknipte mind). Zie jij alle negen dolfijnen nu inmiddels wel?

Ook de bekende psychiater Carl Jung (1875-1961) besteedde in zijn werk veel aandacht aan het feit dat verschillende mensen gelijke situaties anders waarnemen. Beschrijf, bijvoorbeeld, voor jezelf eens wat je ziet bij de volgende afbeelding.

De een zal objectief vaststellen drie rennende paarden in een natuurlandschap te zien. Een ander beschrijft drie losgeraakte paarden die in een ontwakend landschap hun vrijheid tegemoet rennen. Het verschil hiertussen lijkt misschien irrelevant, maar kan tot verschillende aannames leiden binnen de samenwerking met anderen. Het is letterlijk het verschil tussen feiten en fabels. Een verschil dat in uiterste gevallen zelfs iemands leven kan verwoesten. Wat je ziet en daarmee ook denkt, wordt voor een groot deel bepaald door je ervaringen, normen en waarden. Maar het is ook sterk afhankelijk van de gemoedstoestand waarin je je bevindt. Als we veel stress ervaren en ons daar negatief door laten beïnvloeden heeft dat vaak ook een negatief effect op onze perceptie en op ons handelen. In de komende hoofdstukken gaan we kijken hoe dat in ons brein werkt. En vooral ook hoe je die negatieve stress juist om kunt buigen naar veerkracht.

Een eerste stap is je future state heel helder hebben. Dat geldt voor jou als individu, maar ook voor jou als onderdeel binnen een team. Door met elkaar in gesprek te gaan over de future state, krijg je duidelijkheid en kun je met zijn allen op dezelfde golflengte komen. Wat willen we bereiken en waarom is dat belangrijk. Als dat niet helder is en vanaf het begin overeenkomt loop je zelfs het risico elkaar tegen te werken. Denk bijvoorbeeld aan salesteams waarbij de future state een zo hoog mogelijke omzet behalen is. Terwijl die niet strookt met die van de individuele teamleden: zelf zo veel mogelijk omzet binnenhalen voor een hogere bonus. Hierdoor ontstaan al snel wantrouwen en afgunst. In elk geval geen optimale samenwerking.

Ook als wij training geven bij bedrijven beginnen we altijd met het definiëren van het doel van het programma, de future state. Wat wil je uit deze sessie halen en waarom is dat belangrijk? Zo begint iedereen met dezelfde verwachtingen aan het programma.

Tijdens een training is een eerste *waarom* altijd vrij snel gevonden: om iets nieuws te leren, om je te ontwikkelen, om efficiënter te leren werken. Meestal moet je dan nog twee of drie keer 'waarom?' vragen om tot de kern te komen. De daadwerkelijke drive die mensen naar een training brengt verschilt namelijk vaak per persoon. Het komt regelmatig voor dat we er tijdens een training achter komen dat de deelnemers, ondanks dat ze dezelfde doelstellingen hebben, een compleet verschillende motivatie hebben om mee te doen.

Toen ik zes jaar geleden een vijfdaagse training voor een managementteam van Unilever gaf, werd dit verschil pijnlijk duidelijk. Ik zeg pijnlijk, omdat het in eerste instantie leek op een grote tegenslag. Uiteindelijk heeft het dit team juist heel veel tijd bespaard. Ze hadden als doel om een nieuwe *brand identity* voor een van hun merken te ontwikkelen. We begonnen de sessie met helder te krijgen wat hun overkoepelende missie was en waarom die belangrijk was. De missie was snel duidelijk: een nieuwe brand identity.

Het heeft ons vervolgens anderhalve dag gekost om helemaal duidelijk te krijgen *waarom* iedereen dat wilde. De een wilde kenbaar maken dat het om een nieuw product ging, een compleet nieuwe smaakervaring. De ander wilde het merk een ander imago geven, en weer een ander wilde met dit product een heel nieuwe doelgroep aanboren. Drie totaal verschillende beweegredenen.

Ondanks dat deze zoektocht aan het begin enorm veel tijd in beslag had genomen, hadden ze daarna veel minder tijd nodig om tot de gewenste uitkomsten te komen. Direct daarna konden ook een aantal van de vooraf geïnitieerde activiteiten meteen van tafel (*kill your darlings*). Een duidelijke future state zorgt er niet alleen voor dat je precies weet waar je heen wilt, maar ook dat je altijd terug kunt vallen op waarom je ook alweer doet wat je doet. Dankzij een gezamenlijke future state kunnen ook individuele collega's eenvoudiger zelfstandige beslissingen nemen die bijdragen aan het grotere doel. Als de future state niet helder is moet je vaak bijsturen. Dat kost extra tijd en levert irritaties op, wat weer slecht is voor de motivatie. Als je trouw blijft aan je future state bespaart je dat enorm veel energie. Je moet hem dus alleen van tevoren heel helder bepalen.

Zoals Albert Einstein (1879-1955) het formuleerde: "Als ik een uur heb om een probleem op te lossen, spendeer ik de eerste 55 minuten om het volledig te begrijpen. De laatste vijf minuten gebruik ik voor de oplossing." Als jij precies weet wat je waarom wilt bereiken, kom je er vanzelf achter wat de beste manier is om dat voor elkaar te krijgen. Echt weten waarom je iets wilt bereiken geeft je bovendien een enorme energie. En voorsprong.

Het bepalen van je future state

Ik ben altijd gefascineerd geweest door medisch specialisten. Dat begon al op de middelbare school, toen ik allesbehalve het idee had wat ik wilde gaan doen met mijn leven. Enkele klasgenoten wisten dat wel. Die wilden dokter worden. Een vooruitzicht van zeker zes tot tien jaar verder leren. Toch leken zij, doordat ze zo overtuigd waren van hun doel, daar minder moeite mee te hebben. Vervelende projecten, scripties, vele uren studeren – het wordt allemaal draaglijker als ze onderdeel zijn van een groter doel. Een proefschrift schrijven is een draak van een klus. Maar als dat de laatste horde is om te kunnen promoveren, om je droom te kunnen verwezenlijken, dan is het opeens een stuk beter te doen.

Een ander voordeel van een helder doel in je leven voor ogen hebben, is dat je het makkelijker kan delen. Zo sta je er niet alleen voor en kunnen anderen je helpen jouw doel te bereiken. Veel beginnende ondernemers houden hun ideeën vaak voor zichzelf uit vrees dat iemand anders ermee vandoor gaat. Het grote nadeel daarvan is dat niemand je dan feedback kan geven en niemand aan je denkt op het moment dat er zich een mogelijkheid voordoet die voor jou een kans zou kunnen zijn. Als jij duidelijk hebt waar je naartoe wilt en je deelt dit met anderen, gaan zij jou ook herkennen als de *go to*-person op dat gebied. Zo ontstaan er vanzelf kansen. Succes kun je vermenigvuldigen door het te delen.

Als het goed is, heb je inmiddels duidelijk voor ogen wat er bedoeld wordt met het begrip future state. Het gaat om het einddoel. Het gaat om wat jij wilt bereiken of wat jullie willen bereiken als team. Of dit nu intrinsiek gemotiveerde doelen zijn als wie je wilt zijn als persoon of wat je wilt bereiken in het leven. Of extern gemotiveerde doelen als het behalen van een bepaalde status of succes. Wil je een goede dokter worden, of wil je dokter worden omdat je dan heel veel verdient? Wil je als team succesvol zijn of wil je individueel veel verdienen? Uit onderzoek blijkt in elk geval dat het helder hebben van het doel gaat helpen met het vergroten van de motivatie, je zelfbeeld, zelfvertrouwen en het gevoel van autonomie.[3] Ook lijkt er een sterk verband te bestaan tussen het stellen van doelen en het bereiken van succes (waarbij het vervolgens opschrijven van je doel je nog eens 33 procent dichter bij het behalen van dat succes brengt).[4]

De eerste stap is dus het bepalen en opschrijven van jouw future state. Dit is immers noodzakelijk om de juiste keuzes te gaan maken. We komen straks terug op het maken van keuzes en hoe je daar beter in kunt worden. Nu is het eerst tijd om jouw future state te bepalen.

Tijdens presentaties die ik geef bij bedrijven vraag ik regelmatig aan deelnemers met hun buurman of buurvrouw te bespreken wat hun doel is, hun droom, hun future state. Het duurt altijd even voordat het gesprek loskomt, maar daarna blijkt het telkens weer lastig te stoppen. Er gebeurt namelijk iets zodra je over jouw future state gaat praten. Dat zal je zo zien.

'Ik wil een positieve bijdrage leveren aan het milieu, zodat ik een gezonde wereld achter kan laten voor mijn kinderen.' Maar het kan ook wat luchtiger zijn als: 'Ik wil een keer per jaar een lange reis maken, omdat ik van avontuur houd.' 'Ik wil leiding geven binnen een grote organisatie én er zijn voor mijn familie, omdat ik een voorbeeld wil zijn voor mijn kinderen.' In het hoofdstuk *Energiemanagement* lees je hoe deze future state een gevreesde manager energieker, slanker en (zelfs zijn team) gelukkiger maakte. Met slechts één aanpassing in zijn leven. Een sterke future state maakt jouw persoonlijke missie concreet en daarmee ook haalbaarder. Hoe beter je weet waar je heen wilt, des te duidelijker het wordt wat je daarvoor nodig hebt of moet doen. En des te meer mensen bereid zullen zijn om je te helpen.

Definieer voor jezelf tot in detail wat jouw ideale future state is. Hoe concreter hoe beter. Waarom is deze future state voor jou zo belangrijk? Een krachtige future state omvat één concreet doel. Het eindpunt waar je doelgericht naartoe marcheert. Denk bijvoorbeeld aan Jay Z. De bekende Amerikaanse rapper had van jongs af aan de droom om groots en rijk te worden. Zijn future state klinkt even toepasselijk als ambitieus: *I'm not a businessman. I am a business, man*. Dit zorgt ervoor dat hij altijd extreem secuur omgaat met zijn imago en persoonlijke branding. Dit is ook een van de redenen dat hij zijn geld niet verdient met aandelen of huisjesmelken, maar met zijn eigen entertainmentbedrijf ROC Nation, discotheken en met een aandeel in het basketbalteam de Brooklyn Nets. Allemaal ondernemingen die volledig bijdragen aan zijn future state. Zijn huwelijk met Queen of Pop Beyoncé past dan ook perfect in het plaatje.

Alhoewel je je kunt afvragen of Jay Z niet onderdeel is van Beyoncé – '*I am not bossy, I am the boss*' – Knowles' future state, namelijk: de grootste artiest aller tijden worden, zijn én blijven.[5] Linksom of rechtsom: ze hebben elkaar aardig gevonden en daar heeft hun future state behoorlijk aan bijgedragen.

Als dit een film was

Moeite met je eigen future state bedenken? Bedrijfsantropoloog Jitske Kramer noemt in haar presentatie *Culture Shock* de methodiek om naar de corona crisis te kijken '*als(of) dit een film was'*.[6] Ze beschrijft hoe ze als kind met haar vriendinnen fantaseerde. 'Als het nu oorlog was en als dit dan een film was, welk personage zou ik dan spelen? Welke rol zou ik aannemen?' Ze legt die vraag in haar presentatie neer bij het publiek. Ze refereert hierin aan de houding en het gedrag dat men aannam tijdens de crisis. Zou je, vraagt ze, daar later met trots op terugkijken?

De stelling *Als dit een film was* helpt je niet alleen in het moment zelf, maar biedt je ook de mogelijkheid te fantaseren over wat je wilt bereiken. Wat je zou moeten doen om dat voor elkaar te krijgen. Je kunt het in dit geval van bovenaf regisseren: je stelt jezelf waarschijnlijk heroïscher voor dan je in werkelijkheid bent. Je ziet valkuilen eerder als uitdagingen die jij, de hoofdpersoon, kunt overwinnen. Hoe realistisch dat is, is een tweede, maar het kan je wel richting geven om jouw future state te bepalen. Het helpt je te bepalen wat de beste keuzes zijn om jouw doel te bereiken of om de situatie optimaal het hoofd te bieden. Voor jezelf, maar ook voor je omgeving. Zodat je daar later met trots op terug kan kijken.

Uiteindelijk geldt: mensen die intrinsiek gemotiveerd zijn, zijn beter bestand tegen externe prikkels. Laten zich minder snel afleiden. Bovendien loop je minder risico je tijd in de verkeerde projecten te steken. Als je weet welke kant je opgaat, zul je minder snel verdwalen.

Een heldere future state geeft een duidelijk richting. Armand wist dat om zijn brandstofkonvooi veilig in Tarin Kowt te krijgen, zijn troepen de Talibanstrijders zo veel mogelijk moesten ontwijken. In het hoofdstuk Van *Focus naar flow* lees je zelfs het verhaal van iemand wiens future state in eerste instantie een bedreiging voor de wereld vormde, maar later een van de meest spectaculaire ontwikkelingen ooit realiseerde. De kunst is om je telkens te blijven realiseren wat je wilt bereiken en waarom dat belangrijk is. De uitdrukking 'Karakter is dat wat je doet als niemand kijkt,' geldt ook voor je future state.

Als je die wilt behalen, zul je andere zaken moeten laten. Ook als niemand kijkt.

Mochten je mogelijkheden of je omgeving (of de hele wereld, zoals in 2020) veranderen, dan kun je altijd je future state bijstellen. Maar blijf je altijd bewust van wat je wilt bereiken en waarom dat belangrijk is.

Mijn future state

Mensen kaatsen tijdens een training de vraag vaak terug: "Wat is dan *jouw* future state?" Voor mij is die heel simpel en samen te vatten in een woord: ervaringen. Waarom dat belangrijk is voor mij? Mijn vader is heel vroeg overleden. Het belangrijkste wat ik daarvan heb geleerd, is dat het leven geen garanties biedt. Je weet niet wanneer het stopt. Ik zie dat overigens zeker niet als iets negatiefs. Puur als een feit. Daar heb ik ook mijn levensmotto aan ontleend: leef elke dag alsof het je laatste is, maar realiseer je wel dat er morgen weer een dag komt. Het geeft mij iedere keer een duidelijke richting in welke projecten ik tijd wil steken en in welke niet. Wat me wel aanspreekt en wat niet. En dat scheelt een heleboel tijd.

Om te onthouden

- Het bepalen van je future state gaat je helpen om de juiste keuzes te maken.
- Bepaal wat je wilt bereiken, maar vooral waarom.
- Een krachtige future state omvat een concreet doel: jouw eindpunt.
- Als je samenwerkt, is het essentieel om met je team dezelfde future state voor ogen te hebben.

Inspiratie

- Boek: *Extreme Ownership*, het lijfboek van Allied Forces, Jocko Willink & Leif Babin
- Boek: *Jay-Z,* Michael Dyson
- Documentaire: *The Inventor: Out for Blood in Silicon Valley*
- Video: thuiswerkseminar over #cultuurSHOCK van Jitske Kramer

Linkjes en meer informatie vind je op www.worksmartplaysmart.nl

Aan de slag

Bepaal jouw future state

Denk na over een (overkoepelend) doel waar jij mee aan de slag wilt. En, het belangrijkst: waarom je dat wilt. Waarom wil je deze future state behalen? Hoe gaat dit jouw leven verbeteren? En hoe verandert dat het leven van anderen?

Noteer je ideeën voor jezelf. Als je hulp nodig hebt, denk dan aan de zin:

'Als dit een film was, zou ik...'

Bijvoorbeeld: 'Als dit een film was, zou ik een eigen bedrijf starten.'

Maak jouw future state SMART

Kies nu één van de ideeën die je net hebt opgeschreven en maak dit meer concreet voor jezelf en overzichtelijker. Dat doe je door hem SMART te maken:

S = specifiek
M = meetbaar
A = ambitieus
R = realistisch
T = tijdgebonden

Beschrijf jouw future state hieronder op een SMART manier.

Bijvoorbeeld: 'Over een jaar wil ik mijn eerste klanten bedienen vanuit mijn eigen bedrijf.'

Schrijf op waarom deze future state belangrijk voor jou is

Waarom is het zo belangrijk voor jou om deze future state te behalen? Wat gaat dit bijdragen aan jouw leven of dat van anderen? Dit waarom is voor iedereen persoonlijk.

Bijvoorbeeld: 'Over een jaar wil ik mijn eerste klanten bedienen vanuit mijn eigen bedrijf omdat ik dan mijn eigen tijd kan indelen / ik dan iets kan doen waar ik echt in geloof / ik altijd al heb willen ondernemen / …'

Bepaal verschillende milestones voor jouw future state

Je hebt jouw future state nu bepaald, opgeschreven, onderbouwd en SMART gemaakt. De volgende stap is het opdelen van jouw future state in verschillende doelen die bijdragen aan het behalen daarvan. Bedenk verschillende milestones die jij dit jaar kunt bereiken om zo te werken richting jouw future state. Maak deze milestones vervolgens ook SMART, en schrijf ook hiervan op waarom het belangrijk is deze te behalen.

My one thing

Het helpt altijd als je een ding kiest om je op te focussen in plaats van een heleboel verschillende zaken, Een kern uit het hoofdstuk waar je de komende tijd mee aan de slag wilt gaan. Schrijf die voor jezelf op zodat je er later op terug kan komen. En schrijf er natuurlijk ook bij waarom dit onderdeel belangrijk voor je is.

....

....

....

....

....

....

....

....

....

....

....

....

....

....

....

....

....

HOOFDSTUK 2

JE MINDSET BEPAALT

CHANGE YOUR MIND, CHANGE THE MOMENT

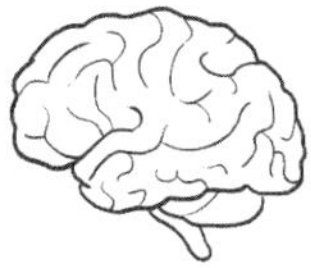

Mindset

Hoe komt het dat miljonairs die failliet gaan toch vaak weer snel weten op te klimmen, terwijl een ander nog geen dubbeltje kan sparen? Hoe komt het dat mensen uit dezelfde omgeving zo verschillend kunnen opgroeien? Dat de een topsporter wordt en de ander, uit dezelfde omgeving met dezelfde vrienden en gelijke kansen, het criminele pad op gaat? Het ontwikkelen van een future state alleen is niet genoeg. Dat geeft je een richting, maar nu moet je er zien te komen. Doorzetten, kansen herkennen en positief blijven als het even tegenzit. Het grotere plaatje kunnen blijven zien.

Als jij het juiste doel voor ogen hebt en weet hoe dat jouw mindset kan beinvloeden, dan creëer je eenvoudig een *goal mindset*. Een krachtig verlangen dat jou in staat stelt om meer voor elkaar te krijgen in minder tijd en met meer plezier. Je mindset, en begrijpen hoe die werkt, is dan ook van essentieel belang om slimmer te werken en te leven. Met de volgende inzichten kom je al een heel eind.

Een paar jaar geleden werden we overvallen met tragisch nieuws. De vader van een vriend van mij had een herseninfarct gehad, en behoorlijk heftig ook. De linkerzijde van zijn lichaam was verlamd geraakt, waardoor hij in een rolstoel terecht was gekomen. De artsen gaven vrij snel te kennen dat ze het somber inzagen. De kans dat hij nog volledig zou herstellen was, mede gezien zijn leeftijd, minimaal. Wij vonden het verschrikkelijk. Hij was nog geen 70 en had zijn hele pensioen nog voor zich. Toch leek hij er zelf meer vrede mee te hebben. Sterker nog, hij leek wel schik te hebben in zijn nieuwe elektrische rolstoel. Toch gebeurde er in de daaropvolgende weken iets opmerkelijks. Toen wij hem drie weken later opzochten, leek hij zijn linkerwijsvinger te bewegen. We besteedden er niet te veel aandacht aan, maar de week erop bewoog hij alle vingers van zijn linkerhand. Minimaal, maar ze bewogen. Stuiptrekkingen, zei hij, toen we hem ernaar vroegen. Dat zijn vingers zich er (letterlijk) nog niet bij hadden neergelegd. Maar in de weken erna kwam het hoge woord eruit. Ik was op bezoek bij mijn vriend (zijn zoon) en diens vriendin. Zij vertelde dat ze twaalf weken zwanger was. Zijn vader had het nieuws al eerder gehoord en dat had iets bij hem in gang gezet. Zijn drive kwam terug en onbewust had hij zijn eigen future state herschreven. Hij zou met zijn kleinkind voetballen, buiten spelen, ravotten. Niet een opa worden die van een afstandje alles meemaakt, maar volledig in actie. Die verandering in zijn mindset zorgde ervoor dat hij op elk mogelijk moment ging oefenen om weer beweging in zijn lijf te krijgen. Het zorgde ervoor dat de tergende oefeningen dragelijker werden. Uiteindelijk is hij voor zo'n 85 procent hersteld en kan hij nu voetballen met zijn kleinzoon!

Dat is dan ook een van de opmerkelijkheden die je altijd tegenkomt als je het hebt over vitaliteit. Veel mensen denken dat je met een abonnement op de sportschool ook fit wordt, dat een dieet helpt om af te vallen. Het idee erachter klopt wel, maar als jij niet eerst voor jezelf bedenkt wat je wilt bereiken en waarom dat voor jou belangrijk is, verandert jouw abonnement al snel in een slapend lidmaatschap. Leuk voor de sportschool, maar jij schiet er niets mee op. Hetzelfde geldt voor diëten. Hoeveel mensen pijnigen zichzelf wel niet met strenge beperkingen waardoor ze afvallen (logisch). Om vervolgens nog meer aan te komen dan voor ze aan hun dieet begonnen. Zonder de juiste mindset en doelen kun je beter überhaupt niet beginnen. Dan hoef je het jezelf ook niet moeilijk te maken.

Dat onze mindset zo krachtig is, of beter: *kan zijn,* is al jaren een fascinatie van onderzoekers. Een mooi voorbeeld dat dit in kaart brengt, is onderzoek van de universiteit van Wisconsin. In 2007 werd aan 84 schoonmaaksters gevraagd of zij zelf vonden dat ze een actieve levensstijl hadden. Het overgrote gedeelte van deze vrouwen antwoordde van niet. Vervolgens werden deze vrouwen opgedeeld in twee groepen. Aan de eerste groep werd verteld waarom hun werk wel degelijk aan te merken was als beweging. Dat zij er dankzij hun baan absoluut een actieve levensstijl op nahielden. Aan de tweede groep werd niets verteld. Beide groepen gingen gewoon door met hun normale werk. Toch gaf de eerste groep na vier weken aan meer het gevoel te hebben dat ze een actieve levensstijl hadden. Deelnemers in deze groep hadden zelfs gewichtsverlies, een lagere bloeddruk, minder lichaamsvet en een lagere BMI.[7]

Deze resultaten ondersteunen de hypothese dat een actieve levensstijl mede zo effectief is door het placebo-effect. Denken dat iets goed voor je is, kan al een positief effect hebben. Onderzoek toonde zelfs aan dat een kijkoperatie waarbij er niets concreets werd gedaan, maar dit wel werd verteld aan de patiënt, hetzelfde resultaat opleverde als een ingreep waar echt werd geopereerd.[8] Ook concluderen onderzoekers dat het placebo-effect werkt wanneer een dokter positieve verwachtingen schetst over de werking van een medicijn. Dan blijkt het beter aan te slaan.[9]

Hier komt ook de kracht van visualisatie vandaan. Iets voor je zien helpt je hersenen een verwachting te creëren. Je hersenen hebben het dan al een keer ervaren. De kans is groter dat het je makkelijker afgaat als je het daadwerkelijk moet doen. In plaats van zenuwachtig te zijn, bereid je je hersenen voor op succes.[10] Change your mind, change the moment.

Als je mindset dan zo krachtig is en als je die kunt manipuleren, als je door je overtuigingen en gedachten te veranderen, ook je mindset kunt veranderen, waarom doen we dat dan niet? Waarom denken we onszelf niet letterlijk rijk of succesvol? We weten vaak wel wat goed voor ons is, maar waarom doen we dat dan niet? Dat heeft allemaal te maken met de belemmeringen in ons brein. Hoe ons brein zich heeft ontwikkeld. Dat is namelijk niet voorgeprogrammeerd om succesvol te zijn, maar om te overleven. Daar kun je gelukkig wel wat aan doen. Door je mindset te veranderen, kun je positiever in het leven komen te staan, en meer voor elkaar krijgen in minder tijd. Je mindset veranderen begint al met een aantal eenvoudige inzichten.

Wat is je mindset?

Het is een gek fenomeen. Zelfs als wetenschappers toegang zouden hebben tot al jouw externe data, zoals je relatiestatus, je salaris, woonplaats en baan, kunnen ze op lange termijn maar 10 procent van jouw geluksgevoel voorspellen.[11] De overige 90 procent wordt bepaald door jouw innerlijke belevingswereld. Managementgoeroe Stephen Covey zei het al: '*It's not reality that shapes us, but our perception that shapes our reality.*' Hoe jij kiest om in het leven te staan, speelt een cruciale factor in jouw geluksgevoel.

De Amerikaanse psycholoog Carol Dweck doet al jaren onderzoek naar de relatie tussen denkstijlen en succes.[12] Zij stelde vast dat niet alleen onze talenten en vaardigheden zorgen voor succes, maar dat ook onze denkstijl van grote invloed is. Dit betekent dat het welslagen van die ene presentatie niet alleen afhankelijk is van je verbale begaafdheid. Het is net zo goed van belang met welke bril jij op de bühne staat. Dat is je mindset: de verzameling van gedachten en overtuigingen die jouw patronen vormt. Deze patronen bepalen weer wat je denkt, voelt en doet. Op deze manier bepaalt jouw mindset dus hoe jij de wereld ziet.

Oftewel: je gaat jouw future state niet bereiken zonder de juiste mindset. Wanneer jij de (onbewuste) overtuiging hebt dat jouw future state niet haalbaar is, omdat [vul maar een excuus in], dan krijg je ook gegarandeerd gelijk. Ons brein zelf is daarbij de grootste uitdaging.

De werking van je hersenen

Ons brein zit ongelofelijk ingewikkeld in elkaar. Om er meer inzicht in te krijgen kun je het opdelen in twee systemen. Het eerste systeem is al honderden miljoenen jaren in ontwikkeling en bestaat uit ons reptielenbrein en ons limbisch brein. Dit oerbrein reguleert al onze dagelijkse activiteiten en basisfunctionaliteiten. Alle zaken die gebeuren zonder dat we er erg in hebben. Denk aan je motoriek, je immuunsysteem, je ademhaling, het feit dat een wondje zich herstelt.

Ook meer bewuste zaken zoals je geheugen, emoties, je gevoel, verliefdheid, maar ook agressie en angst worden geregeld in dit systeem. Omdat dit deel van je hersenen zo impulsief is, instinctief reageert en emotioneel is, noemen we dit deel van je hersenen je *monkey mind*. Net als een aap laat het zich graag entertainen en verleiden, maar ook snel op de kast jagen. Je monkey mind reageert op de automatische piloot, zonder dat je je daar meteen bewust van bent. Daarmee is het ook niet direct het deel van je hersenen dat je graag de leiding geeft over je dagelijkse keuzes.

Het tweede, nieuwere deel van onze hersenen onderscheidt ons van de dieren. Dit deel stelt ons in staat om talen te leren, strategieën te bedenken, maar ook urenlang via Zoommeetings te vergaderen. Dit is onze neocortex, het gedeelte boven op de *monkey mind*. We noemen dit eenvoudigweg: onze professor. Onze professor is rationeler, een echte denker. Ook wel ons bewustzijn. Hij herbergt onze intelligentie en wilskracht. Het kost alleen wel meer energie om onze professor te activeren.

In normale situaties werken deze twee systemen prima samen. Je professor is in staat om de monkey te behoeden voor al te emotionele uitbarstingen en de monkey neemt op zijn beurt weer een heleboel zaken voor de professor uit handen. Een daarvan is de regulering van alle impulsen en prikkels. Kijk even om je heen: waarschijnlijk bevind je je in een relatief stille omgeving (anders wordt het lezen van dit boek er niet makkelijker op) en toch zijn er legio zaken om je heen die om je aandacht strijden. Producten met merken erop, een krant met teksten, dingen die zich buiten voltrekken, muziek of geluiden op de achtergrond. Allemaal zaken die je monkey zo veel mogelijk voor de professor uitfiltert zodat jij zo rustig mogelijk je boek kunt lezen. Je merkt daar in principe niet zoveel van, maar je monkey mind registreert het wel. Denk maar eens terug aan een moment dat je gezellig in de kroeg zat of op een receptie stond. Je staat te kletsen met vrienden. Naast je staat een andere groep. Je bent je ervan bewust dat ook zij gezellig staan te praten, maar je hoort ze verder niet. Totdat een van hen je naam noemt. Opeens blijkt dat je toch al die tijd flarden van het gesprek moet hebben meegekregen. Je monkey mind heeft voorkomen dat je er iets mee moest doen, maar nu je naam wordt genoemd, is het opeens toch wel interessant. Je monkey mind kan dan ook 200.000 keer zoveel informatie opnemen als je professor.[13] We komen daar straks op terug, want hierin huist ook de kunst om op een heel eenvoudige manier je eigen kennis en effectiviteit drastisch te vergroten.

Als de twee systemen van je hersenen goed samenwerken, ben je in staat om je beste prestaties te leveren, voel je je het lekkerst en functioneer je optimaal. Als een van de twee de overhand krijgt, gaat het al snel mis. Een simpel voorbeeld hiervan deed zich voor toen ik Jochem Kentgens sprak, directeur van detacheringsbureau Quoratio. “Het is heel gek, maar ik herinner me nog precies dat wij elkaar ruim een jaar geleden hebben ontmoet. Dat was bij de Hart Beach op het strand van Scheveningen. Op het terras. Ik vertelde je toen over de verbouwing van mijn huis. Een prachtige nazomermiddag, weet ik nog,” zei hij. “Maar als je me nu vraagt met wie ik afgelopen weken in een Zoommeeting heb gezeten, dan kan ik dat nauwelijks reproduceren. Laat staan dat ik weet waar het over ging.”

De reden hiervoor is te herleiden naar het samenspel tussen je monkey mind en je professor. Zolang je continu voor een scherm zit, moet je nadenken, gezichten herkennen en daar dingen uit opmaken, een gesprek volgen, alert zijn. Allemaal activiteiten die onze professor bezighouden. Je monkey mind is nagenoeg uitgezoomed (letterlijk). De omgeving is niet stimulerend. Er gebeurt te weinig om hem heen om zijn aandacht te behouden. In je monkey mind zit een onderdeel, de hippocampus, waar zowel je motoriek als ook je geheugen en leren wordt gereguleerd. Je voelt hem al aankomen: geen beweging, geen geheugen. Dit is misschien wat kort door de bocht, maar in grote lijnen maakt dit wel duidelijk waarom Jochem, en met hem vele anderen, een verlaagde geheugencapaciteit ervoer tijdens de periodes van lockdown.

Nou bracht de lockdown überhaupt een heleboel verandering met zich. En daar reageert je monkey mind sowieso niet goed op. Immers: verandering betekent gevaar. Vanuit het ontstaan van de mens waren onze beweegreden om te handelen vrij eenvoudig: voortplanten en overleven. Verandering brengt beide in gevaar. En dat levert stress op. Tel daarbij de onzekerheid over het virus, maar ook de zorgen over je baan, financiële situatie en je eigen gezondheid en die van de mensen om je heen op en je kunt zien dat dat een periode is waarin er heel veel energie van je brein wordt gevraagd. Je professor heeft daarbij veel meer energie nodig om te functioneren (bewust) dan je monkey mind (automatische piloot).

Op het moment dat ons brein druk is met stress, is het onze neiging om onze goede gewoontes overboord te kieperen. Wie te veel negatieve stress ervaart, gaat slechter voor zichzelf zorgen, slaapt vaak niet genoeg en zet zijn hersens simpelweg verkeerd in. Het kost daarmee nog meer energie om de professor bij de les te houden. Zonder de invloed van de professor krijgt de monkey mind de overhand. Dan kan het snel de verkeerde kant opgaan. Ga maar na: als je slecht geslapen hebt, ben je vaker kortaf, kribbiger, sneller geïrriteerd. Als er dan een woordenwisseling ontstaat, kun je niet zo snel terugvallen op het reflecterende vermogen van je professor en is de kans al snel dat je boos het gesprek beëindigt. Of erger.

Dit heeft overigens ook te maken met de mate in hoeverre je jouw professor hebt ontwikkeld.[14] Als je je professor beter traint, kun je beter worden in reflecteren en stressbestendiger worden. Maar ook dan kan het dus nog misgaan.

Uitdaging 1 – ons brein is lui

Het eerste issue van onze hersenen is dat ze tamelijk lui zijn. Onze hersenen vormen zo'n 2 procent van onze lichaamsmassa, maar verbruiken zo'n 20 procent van onze energie.[15] Het merendeel daarvan gaat naar onze professor. Om energieverlies te voorkomen, reageert onze monkey mind dan ook vaak veel sneller, zodat de professor niet geactiveerd hoeft te worden. Daarbij is ons brein geneigd om aannames te doen. Zelf het plaatje op voorhand al in te kleuren op basis van eerdere ervaringen en verwachtingen. Dat bespaart energie en zorgt voor snellere handelingen. Alleen gaat het daarbij ook vaak fout.

We overschatten wat we in drie weken kunnen doen en we onderschatten wat we in een jaar voor elkaar kunnen krijgen. Ook dat heeft weer met onze monkey mind te maken. Die reageert enthousiast, overmoedig, bij een nieuw project. Hij kan lastig inschatten hoeveel werk een project daadwerkelijk is. Je professor wordt daar zo min mogelijk bij betrokken – dat kost energie – dus ontbreekt een realistisch tijdsframe of takenoverzicht. We storten onszelf in allerlei projecten om halverwege te merken dat het misschien helemaal niet haalbaar is of dat we erachter komen dat andere collega's al met soortgelijke projecten bezig zijn.

Mede dankzij de versnelling van de maatschappij zijn we steeds meer geneigd om eerst te doen en dan pas te denken. Om heel veel projecten op te pakken, maar er een stuk minder daadwerkelijk af te ronden.

Uitdaging 2 – focus op negativiteit en gevaar

Zoals Yuval Noah Harari zo mooi omschrijft in zijn boek *Sapiens* was een van onze grote overlevingsmechanismen onze capaciteit om te roddelen.[16] Informatie inwinnen over de ander. Weten wie er zwak was. Op je hoede zijn voor mogelijke aanvallen en risico's betekende letterlijk een grotere kans op overleven. Deze focus op het herkennen en ontwijken van gevaar brengt met zich mee dat ons brein eerder negatief denkt dan positief. Zo zijn ook onze aannames eerder negatief dan positief. Puur om onheil voor te zijn. Tegenwoordig hebben we een stuk minder levensbedreigende aanvallen te vrezen, maar onze monkey mind leeft nog wel in die veronderstelling. Wat dat betreft is dit deel van ons brein de afgelopen miljoenen jaren weinig geëvolueerd. Met andere woorden: het zoekt eerder naar negatief nieuws om zich te beschermen tegen mogelijk kwaad, terwijl onze professor eerder beseft dat er van kwaad geen sprake is.

Dit is ook een van de redenen waarom het zo goed is om voor het slapengaan nog een aantal positieve zaken die op de dag zijn voorgevallen de revue te laten passeren. Dat is een bewust proces waar je je professor voor in moet zetten. Maar het kalmeert wel je monkey mind, zorgt voor minder piekeren en verbetert je nachtrust.[17]

Uitdaging 3 – hoe slimmer je wordt, hoe meer twijfels je krijgt

De Britse filosoof en humanist Bertrand Russell (1872-1970) verwoordde het heel mooi: "*The problem with the world is that the intelligent people are full of doubts, while the stupid ones are full of confidence.*" Dit fenomeen werd later bekend als het Dunning-Kruger Effect, vernoemd naar de wetenschappers die er onderzoek naar deden.[18] Mensen die minder capabel zijn, wanen zichzelf nogal eens bovengemiddeld competent omdat ze niet het volledige plaatje kunnen inschatten, noch hun eigen capaciteiten en kennis kennen. Mensen die wel vaardig en kundig zijn, zien juist het totale plaatje en alles wat daarbij komt kijken. Ze twijfelen daardoor of ze het wel volledig kunnen overzien.

Een andere reden waarom we onzekerder worden naarmate we meer leren, is het feit dat het besef van onze kennis zich aanpast aan het niveau van onze kennis. Onze kennis over of vaardigheid van iets verschuift daarmee van onze professor (bewust) naar onze monkey mind (onbewust). De managementtrainer Martin Broadwell kwam in 1969 als eerste met het model dat inzichtelijk maakt hoe wij onszelf kennis en vaardigheden eigen maken.

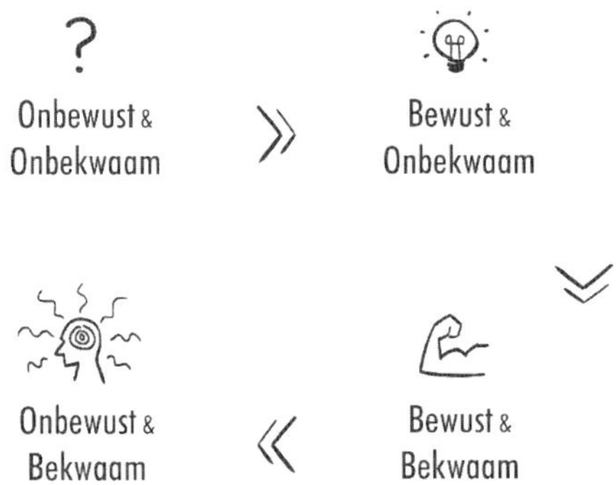

Neem bijvoorbeeld zwemmen. Mijn zoontje heeft net zijn eerste zwemlessen gehad. Met bandjes kan hij aardig vooruit komen, maar als hij les heeft is het nog een heel gepuzzel. Beentjes buigen, rondje maken, uitspreiden en terugtrekken weer. Als hij dan ook met zijn armen rondjes moet maken, wordt het helemaal abracadabra. Maar zoals je zelf weet, gaat het op een gegeven moment allemaal automatisch. Tijdens het afzwemmen voor je zwemdiploma was je nog bewust bezig met alles goed doen (en om niet te verdrinken tijdens het watertrappelen), maar nu denk je er niet meer bij na als je in het diepe springt. Stel: je leert morgen een nieuwe techniek waardoor je net iets sneller kunt zwemmen. Dan leer je eerst hoe het werkt, realiseer je hoe het moet. Dan ga je oefenen, oefenen, oefenen en heb je het waarschijnlijk onder de knie. Binnen no-time vergeet je dat je sneller bent gaan zwemmen. Qua beleving blijf je namelijk op hetzelfde niveau zitten. Je brein past zich aan aan je nieuwe niveau en je bent je niet meer bewust van het feit dat je bekwamer bent geworden.

Je hersenen zijn 'werk in uitvoering'

Ondanks deze uitdagingen is er ook goed nieuws. Je kunt je hersenen, vooral je professor en daarmee je mindset, trainen. Niet alleen door nieuwe kennis aan te leren, maar ook door te leren beter te leren. Of slimmer te werken. Je hersenen zijn net als je spieren. Hoe vaker je traint, hoe groter je spieren worden. Hetzelfde geldt voor je hersenen. Hoe vaker je die traint, des te beter je wordt. Het vergt alleen inzicht en oefening. Hoe werkt dat?

Een van onze collega-trainers met wie wij veel samenwerken is de neurowetenschapper dr. Marcia Goddard. Zij deed jarenlang onderzoek naar de invloed van onze hersenen op ons welzijn. "Onze hersenen bestaan uit zo'n 100 miljard hersencellen, ook wel neuronen genoemd," zegt Marcia. "Die communiceren met elkaar via een veelvoud aan verbindingen. Zeg maar een meganetwerk van kleine en grotere wegen die informatie overbrengen van het ene neuron naar de ander. Die wegen versnellen en versterken we door ze te gebruiken. Vergelijk het maar met sporten. Als je begint met sporten heb je kracht noch uithoudingsvermogen. Naarmate je meer traint, krijg je een groter uithoudingsvermogen, waardoor je meer kracht kunt opbouwen."

Zo werkt het ook met de verbindingen in je hersenen. Hoe vaker je de verschillende verbindingen activeert, hoe efficiënter ze worden in het vervoeren van gegevens. Zo kun je steeds meer informatie verwerken. In positieve zin, maar ook in negatieve zin. Daarom is het ook zo moeilijk om slechte gewoontes af te leren. Dat activeren van je verbindingen doe je door te ervaren, te leren en waar te nemen. Vandaar ook dat je in je eerste levensjaren, als alles nog nieuw voor je is, ook de meeste verbindingen aanmaakt. Zo'n 1 miljoen per seconde zelfs.[19] Je breekt, overigens, gelijktijdig ook weer bijna de helft af. Als je ouder wordt, neemt deze opbouw van verbindingen af en de afbraak toe. Ergens rond je 25ste is het al teruggevallen naar zo'n 25.000 nieuwe connecties, maar breek je er ook weer zo'n 20.000 per seconde af. Op je zestigste is dat aantal teruggevallen naar 6000 om 6000, om daarna verder sneller af te breken dan op te bouwen.

Vroeger dacht men dat dit een vast gegeven was. Als je hersenen volgroeid zijn, kunnen ze niet meer veranderen. Gelukkig weten we tegenwoordig dat er zoiets bestaat als neuroplasticiteit, het vermogen van je hersenen om zich verder te ontwikkelen. Dat heeft vooral te maken met je mindset.

"Je hebt het misschien niet in de gaten, maar je leert elke dag. Dit bewustzijn brengt voordelen met zich mee," zegt Marcia. "Als je weet dat je je brein je hele leven nog kunt trainen, dat je brein plastisch is, heeft dit invloed op je mindset. Maar ook op hoe je in het leven staat. Neuroplasticiteit betekent immers dat je nieuwe dingen kunt leren. Dat is het begin van het ontwikkelen van een *growth mindset*. En dat heeft een positieve invloed op je energie. Maar gaat je ook helpen met weerbaarheid tegen een van de grootste energielekken van deze tijd: stress. Want als je media moet geloven, gaan we momenteel allemaal ten onder aan stress. Maar is dat echt zo?"

Stress & stressmindset

Het is natuurlijk geen geheim dat chronische stress, overspannenheid en burn-out een probleem zijn binnen onze maatschappij. Er zijn talloze krantenkoppen en stresspreventieprogramma's binnen bedrijven en scholen die ons waarschuwen voor deze sluipmoordenaar van ons fysieke en mentale welzijn.

Tegelijkertijd is het een grote denkfout dat een stressvrij leven mogelijk is. Stress is onvermijdelijk en een onlosmakelijk onderdeel van het leven. En beslist niet één die alleen een negatieve bijdrage levert. Er zijn zelfs genoeg redenen te noemen die juist vóór stress spreken. Door jezelf hier eens wat vaker op te focussen kun je de positieve effecten ervan ervaren.

In geval van stress reageren je monkey mind en je professor allebei op hun eigen manier. De monkey reageert instinctief negatief. Of het nou realistisch is of niet. Die reactie herken je vast wel: een collega die snel op zijn teentjes is getrapt of een onbekende op de fiets die meteen dreigt je in elkaar te slaan omdat hij voor je moest uitwijken.

De professor daarentegen denkt eerst na. Dat levert weliswaar meestal de beste reactie op, maar kost meer energie en duurt langer. Vandaar dat onze hersenen dan ook eerder intuïtief geneigd zijn om de monkey mind te volgen.

Dit intuïtieve handelen van ons brein hebben we door de eeuwen heen ontwikkeld. Bij concreet gevaar wil je dat je hele lichaam en geest samenwerken om zo snel mogelijk te handelen. Als je oversteekt zonder op te letten en er komt een auto op je af, dan wil je zo snel mogelijk kunnen reageren, fysiek en mentaal. De bekende fight-or-flightreactie. Dat gaat gelukkig volledig automatisch. Je spieren spannen zich aan, je hart gaat sneller pompen, je focus verhoogt en je overige gedachten verdwijnen. Je maakt adrenaline aan om sneller te kunnen reageren. Met een beetje geluk ben je daarmee in staat om net voor de auto voorbijraast opzij te springen. Een gedegen situatieanalyse door je professor zou hierbij even niet zo wenselijk zijn.

Gered voor nu. Alleen, als je te lang of te vaak adrenaline aanmaakt, begint de aanmaak van cortisol om die snellere reactie vast te houden. Die cortisol zorgt ook voor extra opname van suiker in je spieren. Je blik vernauwt zich om goed te kunnen focussen, je maag trekt samen en je spijsvertering vertraagt, je ademhaling versnelt en je libido wordt verlaagd. Allemaal zaken die in een gevaarlijke situatie prima opofferingen zijn om te kunnen overleven. Het nadeel is dat onze hersenen moeilijk het verschil herkennen tussen acuut en niet-acuut gevaar. Auto die op je afrijdt? Acuut gevaar, wegwezen. Boze collega? Geen acuut gevaar, in gesprek gaan. Onder niet-acuut gevaar valt eigenlijk alles waarvan we wel weten dat het geen daadwerkelijk gevaar is, maar waar we onbewust toch emotioneel op reageren.

Met dit onderscheid kunnen we prima omgaan als we lekker in ons vel zitten, fit en energiek zijn, maar minder als we moe zijn. Je kunt je voorstellen dat het best wat energie kost om die hele molen van lichamelijke activiteiten continu te activeren. Dat is zelfs uiterst vermoeiend.[20] En dan hebben we het nog niet gehad over de mentale gevolgen van stress.

Stresshormonen

Je bent inmiddels al bekend met het concept neuroplasticiteit. Een van de hormonen die verantwoordelijk zijn voor de aanmaak van nieuwe connecties in je hersenen is dehydroepiandrosteron (DHEA). Dat hormoon helpt om je hersenen te laten groeien en laat je hersenen sterker worden van stressvolle situaties.[21]

Dit herstelhormoon heet ook wel het antistresshormoon en laat spanning en vermoeidheid na een moment van stress afnemen. Je hebt net ook gelezen dat het hebben van veel stress betekent dat je lichaam langdurig veel cortisol aanmaakt. Het negatieve aspect van cortisol is dat het verschillende lichaamsfuncties (zoals spijsvertering en herstel) pauzeert.[22]

In een stressvolle situatie wordt gelijktijdig cortisol en DHEA aangemaakt, waarbij DHEA de negatieve gevolgen van cortisol compenseert. De verhouding tussen cortisol en DHEA wordt ook wel de groei-index genoemd. Wanneer er bij een stressvolle situatie veel cortisol vrijkomt en weinig DHEA, heb je een lage groei-index. Andersom heb je een hoge groei-index wanneer er meer DHEA vrijkomt dan cortisol. Dat betekent dat je minder klachten ervaart tijdens stressvolle situaties, en meer kans hebt ervan te leren.

Wat betekent dit nu precies? Wanneer de verhouding tussen cortisol en DHEA goed is, en er dus sprake is van een positieve groei-index, leidt stress tot groei. Als cortisol echter de overhand heeft, en er sprake is van een negatieve groei-index, blijft je lichaam constant in overlevingsstand. Een staat die van nature nooit zo bedoeld is.

Het goede nieuws: je hebt zelf invloed op de aanmaak van DHEA! Dit is waar je mindset om de hoek komt kijken. Uit onderzoek is gebleken dat door een positieve stressmindset meer DHEA wordt aangemaakt, wat resulteert in een positieve groei-index.

Hoe zet je stress naar je hand?

Een opvallend onderzoek dat de kracht van mindset en de positieve effecten van stress uitlicht, is afkomstig van Stanford University, in samenwerking met auteur en psycholoog Shawn Achor.[23] Hij en dr. Alia Crum, een assistent-professor aan dezelfde universiteit, bezochten in 2008 een Zwitserse bank. Het was ten tijde van de financiële crisis. De bank die ze bezochten was op dat moment ook onderhevig aan grote herstructureringen én er liep een fraudeonderzoek van de FBI. De werknemers in kwestie, zo kun je je voorstellen, verkeerden in een behoorlijk stressvolle situatie. Achor en Crum probeerden met hun onderzoek te ontdekken wat de invloed was van stress op de prestaties en het fysieke en mentale welzijn van de bankmedewerkers.

Achor en Crum verdeelden de ruim vierhonderd participanten in drie groepen. De eerste groep kreeg een film te zien waarin de focus lag op hoe schadelijk stress is voor de gezondheid en het mentale welzijn. De tweede groep werd een film getoond waarin juist de positieve effecten van stress werden belicht, bijvoorbeeld als een manier om de prestaties te verhogen. En de derde groep? Die kreeg geen enkele film te zien en vroeg zich waarschijnlijk af wat dit onderzoek te betekenen had.

Wat bleek toen ze de prestatie van de groep later evalueerden? De perceptie ten opzichte van stress bleek een grotere impact te hebben op de gezondheid en prestaties van de werknemers dan de stress zelf. De eerste groep die de film over alle schadelijke effecten van stress had gezien en de groep die aan geen enkele stimulus was onderworpen, rapporteerden geen verandering. Bij de groep die positief was gestimuleerd, gebeurde iets heel anders. De participanten die de film hadden gezien over positieve effecten van stress rapporteerden een week nadien meer focus, meer betrokkenheid op het werk en zelfs minder gezondheidsproblemen dan voorheen.

Je kunt natuurlijk beargumenteren dat die positieve zelfevaluatie een *trick of the mind* was. Een placebo-effect na te zijn blootgesteld aan al die positieve effecten van stress. Er zijn echter verschillende onderzoeken die onderbouwen dat onze perceptie van stress van grotere invloed is op ons mentale en fysieke welzijn dan de stress zelf. Zo benadrukt psycholoog Kelly McGonigal in haar populaire TED Talk *How to make stress your friend* dat niet stress zelf, maar een negatieve *stressbeleving* (de overtuiging dat stress slecht voor je is) op de 15de plek staat als belangrijkste doodsoorzaak in de Verenigde Staten.[24] Hierbij haalde ze een wetenschappelijk onderzoek aan waarbij een groep wetenschappers acht jaar lang 30.000 Amerikanen volgde.[25] De deelnemers kregen jaarlijks twee vragen voorgelegd:

1. Hoeveel stress heb je het afgelopen jaar ervaren?
2. Geloof je dat stress schadelijk is voor je gezondheid?

De uitkomsten waren op zijn zachtst gezegd opvallend te noemen. Participanten die rapporteerden veel stress te ervaren bleken uiteindelijk 43 procent meer kans te hebben om vroegtijdig te overlijden dan participanten die minder tot geen stress hadden. De plottwist: dit was alleen het geval bij participanten die ook geloofden dat stress een negatieve invloed had op hun gezondheid. Sterker nog: mensen die veel stress ervaarden maar geloofden dat dit niet schadelijk was voor hun gezondheid, hadden zelfs een kleinere kans om voortijdig te sterven dan deelnemers die weinig stress rapporteerden. Het geloof dat stress schadelijk is, lijkt dus schadelijker te zijn dan de daadwerkelijke stress zelf. Het verhaal dat je jezelf over stress vertelt, heeft meer impact dan het feit dat je stress hebt.

Het wordt dus tijd om die klamme handjes en zweetdruppels langs je voorhoofd niet te zien als een zwakte. Zie het als de manier van je lichaam om je te preppen voor een belangrijke prestatie. Dit kan een onbetwiste *gamechanger* zijn voor je eigen gezondheid. "*When you change your mind about stress, you can change your body's response to stress*," geeft McGonigal dan ook het publiek tijdens haar TED Talk mee.

Ook een studie van Harvard University onderstreept dit.[26] Voordat de wetenschappers een groep studenten onderwierpen aan een *social stress test* gaven ze een deel van de studenten mee dat de stress die ze zouden ervaren hen zou helpen om beter te presteren. Het andere deel van de studenten kreeg te horen dat stress afleidend werkt, waardoor je meer fouten maakt en je prestatie verslechtert.

Opnieuw was het resultaat verbluffend: de studenten met een positieve stressbeleving waren tijdens de stresstest niet alleen minder gestrest en minder angstig, maar rapporteerden ook nog eens meer zelfvertrouwen. De wetenschappers ontdekten zelfs dat de fysieke reactie op stress anders was. Wanneer je namelijk gestrest bent, komt het vaak voor dat de bloedvaten in je hart zich vernauwen. Dit is geen probleem, althans op korte termijn. Bij studenten met een positieve stressbeleving, de studenten die geloofden dat stress goed voor je was, vond deze vernauwing van de hartvaten helemaal niet plaats. Sterker nog: de hartvaten waren vergelijkbaar met die van mensen die positieve emoties ervaren.

Natuurlijk is het makkelijker gezegd dan gedaan: stress beschouwen als iets positiefs. Je voelt je nu eenmaal niet op je best wanneer je stress ervaart. Een opgejaagd gevoel, een bonkend hart, chaos in je hoofd... Hoe zet je – juist op dit soort momenten – stress naar je hand? Hoe laat je stress vóór je werken in plaats van tegen je? Het belangrijkste is het bewustzijn creëren dat stress je helpt om te presteren. De verhoogde ademhaling voor meer zuurstof in je bloed. Je hart dat sneller klopt om dat bloed op de juiste plek te krijgen. Tunnelvisie voor optimale focus. Je spijsvertering die vertraagt om energie te besparen, zo ontstaat ook dat gevoel van vlinders in je buik (saillant detail: van stress daalt ook je libido). De adrenaline die door je lichaam giert om zo snel mogelijk te kunnen reageren. Fysiek en mentaal.

Zo werkt het ook in ons lichaam. Het autonome zenuwstelsel van ons lichaam (verantwoordelijk voor de processen waar we niet bewust controle over hebben, zoals ademhaling, hartslag en bloeddruk) is een verlengstuk van onze monkey mind – zijn staart, als het ware. Die bestaat uit twee systemen met elk een tegengestelde functie, die elkaar in balans houden. Je gaspedaal en de rem.

1. Het <u>sympathisch zenuwstelsel</u>, ons gaspedaal, zorgt ervoor dat we ons scherp kunnen stellen om in 'bedreigende' situaties goed te kunnen handelen, maar dus ook dat we ons kunnen focussen. Kortom: je lichaam en hoofd zijn klaar voor actie.

2. Het <u>parasympathisch zenuwstelsel</u> is daar de tegenspeler van. De rem van ons lichaam. Onze recharge, verantwoordelijk voor herstel en ontspanning. Als de parasympathicus actief is, dalen je hartslag en bloeddruk en krijgen je spieren en organen voldoende bloed en zuurstof. Kortom: het lichaam en je hoofd komen tot rust en krijgen de kans zich te herstellen.

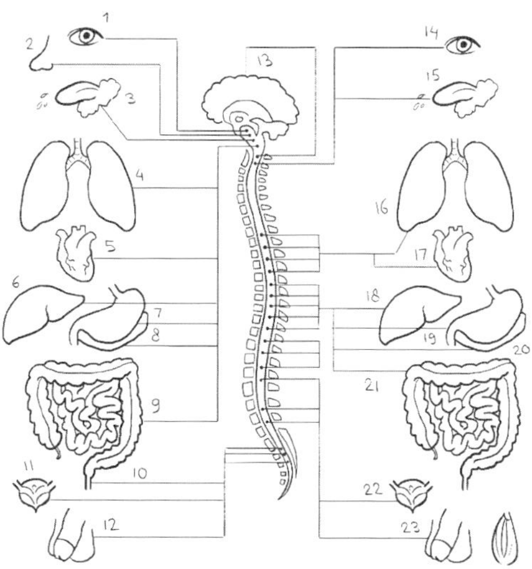

Parasympathisch zenuwstelsel

1. Pupillen vernauwen
2. Neusslijmvlies neemt toe
3. Spreekselproductie neemt toe
4. Bronchiën vernauwen
5. Hartfrequentie verlaagt
6. Glucoseafgifte verlaagt
7. Maagsapproductie neemt toe
8. Insulineafgifte neemt toe
9. Darmsapproductie neemt toe
10. Endeldarm wordt gestimuleerd
11. Blaas trekt samen
12. Erectie wordt gestimuleerd

Sympathisch zenuwstelsel

13. Bloedtoevoer naar hersenen neemt toe
14. Pupillen verwijden
15. Speekselproductie neemt af
16. Bronchiën verwijden
17. Hartfrequentie verhoogt
18. Glucoseafgifte neemt toe
19. Maagsapproductie neemt af
20. Glucagonafgifte neemt toe
21. Darmen ontspannen
22. Blaas ontspant
23. Stimuleert ejaculatie / samentrekking vagina

Stress is dus op zich geen ongezonde reactie. Je sympathisch zenuwstelsel helpt je juist om geconcentreerd, alert te zijn en scherp te blijven. Om goed te presteren. Je moet hem alleen afwisselen met je parasympathische zenuwstelsel.

Ken elke fysieke reactie die je ervaart op stress dan ook een positieve rol toe. Zie trillende handen niet als een teken van zwakte, maar als een signaal dat de adrenaline door je lichaam stroomt en klaar is om voor jou in actie te komen. Extra transpiratie is een symptoom dat je lichaam je letterlijk en figuurlijk klaarstoomt voor die grote prestatie. Je lichaam is er om jou te helpen en stress is de fysieke steunbetuiging. Het zal vanaf het eerste moment heus niet makkelijk zijn. Hoe vaker je jezelf aanwent om stress te zien als iets positiefs, hoe sterker het neurologische pad wordt dat jij creëert. Stress is niet iets wat je tegenwerkt. Het helpt je om je future state te bereiken. Jij bent jouw stress de baas door te veranderen hoe je aankijkt tegen stress.

Goed nieuws voor de piekeraars onder ons

Stress is dus niet alleen maar negatief. Maar ondanks dat je dat nu weet, kan je toch nog in stressvolle situaties belanden waar je niet alleen uitkomt met een positieve stressmindset. Bovendien kan stress je enorm afleiden van het pad naar je future state. Gelukkig zijn er nog andere tools die jou op zulke momenten kunnen helpen. Die helpen om jouw stress letterlijk te parkeren.

Een van de zaken die we net al tegenkwamen als een uitdaging van onze hersenen is onze focus op negativiteit. Dit uit zich vaak in piekeren. Dat stemmetje in je hoofd dat continu twijfelt en zich zorgen maakt. Dat kan over van alles zijn. Kwesties uit het verleden, zaken waarvan je verwacht dat ze nog gaan gebeuren of erger nog: dingen die buiten jezelf staan, waar je helemaal geen invloed op hebt. Niet alleen is piekeren vermoeiend, het kan ook je nachtrust in de weg staan. Het leidt enorm af, vermindert daarmee je prestaties en de kans dat je jouw future state verwezenlijkt.

Ook voormalig Hewlett-Packardingenieur Gaur Gopal Das, nu werkzaam als lifestylecoach, spreker en overtuigd Hare Krishna-aanhanger, verbaast zich over de hoeveelheid tijd die we al piekerend doorbrengen. Tijdens één van zijn presentaties legde hij het publiek dan ook het volgende model voor:

Dit model beschrijft een simpele boodschap: het is overbodig om je zorgen te maken. Heb je geen controle over het probleem: *then why worry*? Heb je wel enige mate van controle over het probleem: *then why worry*?[27]

In het hoofdstuk over focus lees je meer over waar in je professorbrein het piekeren ontstaat en hoe je het 'uit kunt zetten' tijdens je werk. Alleen beperkt het piekeren zich niet tot je werk. Bovendien is 'niet piekeren' makkelijker gezegd dan gedaan. Helemaal als je al gestrest bent. De monkey mind staat op dit soort momenten te trappelen in de coulissen om zijn entree te maken en emotioneel te reageren. Terwijl het voor je gemoedstoestand juist zo belangrijk is om de professor zelf de regie te laten pakken. Het is een beetje hetzelfde als wanneer iemand tegen je zegt dat je 'niet zo boos' moet doen. Dat voelt als olie op het vuur. Toch weet Gaur Gopal Das met dit model op slimme wijze in te spelen op misschien wel de belangrijkste remedie tegen piekeren. Er is namelijk slechts één ding waar we aanspraak op kunnen maken om met minder zorgen door het leven te gaan. Om op dagelijkse basis minder stress te ervaren. Wat dat geheime wapen is om je zorgen te transformeren tot zaken die je met beide handen kunt aanpakken? Ons relativeringsvermogen.

Marcia Goddard opent haar TED Talk met een prachtig voorbeeld over hoe we in onze babyjaren leren lopen.[28] Hele voetbalvelden strompelen we, omgerekend, af en iedereen om ons heen vindt het fantastisch. “Oooh, je deed een paar stapjes!” Als beginnend wandelaar worden we aangemoedigd door onze bewonderaars. Vallen en opstaan tot we uiteindelijk volwaardig kunnen lopen. Maar daarna verandert het gejubel snel in afkeur en negatieve reacties. We worden niet meer aangemoedigd om iets te blijven proberen als het fout gaat. Sterker nog, probeer het vooral maar niet nog een keer. Onze omgeving maakt *fouten maken* fout. En wij hebben daar zelf nog de grootste hand in. Om onszelf in te dekken, verzinnen we verhalen. Verhalen om goed te praten dat we iets niet kunnen. En we gaan er ook geloven. We verliezen onze dromen uit het oog. We dwalen af van onze future state omdat die niet voor ons lijkt te zijn weggelegd. Omdat we een paar keer faalden. Omdat iemand anders ons de pas afsneed. Maar het leven gaat over vallen en opstaan. Niet over vallen en dan jezelf gaan vertellen dat je niet kunt lopen. Hoe erg je situatie ook is. Het gaat er niet om hoe vaak je valt. Het gaat erom hoe vaak je opstaat.

Dit is een heel andere manier van kijken naar uitdagingen. Kijken waarom je gevallen bent en dat de volgende keer voorkomen, daarvan leren, zodat je de volgende keer een paar stappen meer kunt zetten richting je droom. Net zo lang tot je ernaartoe kunt rennen.

Relativeren is daarbij een groot goed. Relativeren betekent zaken waar je tegenaan loopt in een groter perspectief plaatsen. Op het moment dat je je gestrest voelt, maak je je sneller druk over kleine dingen en neem je eerder beslissingen die betrekking hebben op korte termijn.[29] Zit je lekker in je vel, dan kijk je makkelijker naar het grotere plaatje. Of anders gezegd: grote mensen maken zich druk om grote problemen.

In dit kader is het mooi om te kijken naar de Amerikaanse uitvinder, maar bovenal ondernemer, Thomas Edison (1847-1931). De quote: 'Ik heb niet gefaald. Ik heb enkel 10.000 manieren gevonden die niet werkten,' werd hem toegedicht bij zijn uitvinding van de gloeilamp. Als hij bij elke mislukking bij de pakken neer was gaan zitten, niet naar het grotere plaatje had gekeken, dan zouden we nu nog in het donker zitten.

Een kleine nuance. Er zijn ook anderen geweest die de gloeilamp hebben uitgevonden. Het was alleen Edison die, weer kijkend naar het grotere plaatje, meteen het gehele elektranetwerk ontwikkelde om de gloeilamp ook echt te kunnen gebruiken.

Feit vs. fabel

De afgelopen jaren heb ik behoorlijk wat trainingsprogramma's bijgewoond. Daar zie je natuurlijk de meest uiteenlopende zaken, krijg je de beste inzichten en zie je vooral wat mensen zichzelf allemaal aandoen. Maar er was één ervaring die met kop en schouders boven alle andere uitstak. Iets wat ik nooit meer zal vergeten. Niet alleen vanwege het verhaal zelf, dat al heftig genoeg was. Meer nog om de impact die het verhaal dat we onszelf vertellen, kan hebben op ons leven.

Het was de derde dag van een vierdaags seminar in de Verenigde Staten. Er waren een kleine tweehonderd deelnemers aanwezig en een paar trainers die iedereen begeleidden. Tussen de theorie en oefeningen door kwam af en toe iemand iets delen bij de microfoon voor het hele gezelschap. Nu was het de beurt aan een kleine, tengere dame. Een mooie vrouw, maar zichtbaar getekend door het leven. Ze was al niet echt groot, maar ze liep ook nog wat voorovergebogen alsof ze een grote last met zich meedroeg. Ze oogde enigszins bleek en had wallen onder haar ogen.

Ze begon ietwat wollig met haar verhaal, maar al snel bleek ze in haar jeugd seksueel misbruikt te zijn. De zaal was volledig stil. Je kon haar horen ademen in de microfoon. De trainer vroeg er wat verder op door. Het bleek te gaan om misbruik binnen de familie, in haar kinderjaren. De trainer vroeg naar de effecten die het misbruik had gehad op haar leven. Al snel begon ze te vertellen dat ze altijd met het idee had rondgelopen dat ze er niet toe deed. Dat ze minderwaardig was. Saillant detail was dat haar misbruiker na afloop altijd zijn handen ging wassen. Dit gaf haar het gevoel smerig te zijn. Ze vertelde over de smetvrees die ze in de jaren erna heeft ontwikkeld. Niet alleen zijzelf, maar alles moet schoon zijn. Extreem schoon.

De trainer sloeg ongemerkt een andere richting in en begon weer te vragen naar wanneer het misbruik had plaatsgevonden. De zaal, volledig opgegaan in haar verhaal, raakte duidelijk uit balans, maar de trainer hield vast. "Dus wanneer gebeurde het? Wat voor impact heeft dat gehad op je leven? Voel je je nu nog steeds smerig?" Niemand, ook zij niet, begreep waar hij naartoe wilde. De irritatie in de zaal werd voelbaar. Hoe kun je iemand zo'n verhaal nou dieper inwrijven? "Ja, ik heb nu smetvrees en ja, dat heeft heel veel impact op mijn leven."

Opeens draaide de trainer volledig om in zijn vraagstelling en vroeg doodleuk: "Weet je nog wanneer je voor het laatst gevallen bent?" De dame was zichtbaar verbaasd over deze nieuwe vraag. Net als het publiek, te horen aan het geroezemoes dat opsteeg.
"Euh.. een paar jaar geleden, denk ik?"
"En wat heb je toen gedaan?"
"Toen ben ik ongetwijfeld opgestaan?"
"En toen?"
"Doorgelopen?"
"En weet je nog hoe je gevallen bent?"
"Waarschijnlijk gestruikeld?"
"En ben je daardoor voorzichtiger geworden in je leven? Ben je bewust bezig met stoeprandjes ontwijken, goed op de weg te letten?"
De sfeer in de zaal begon langzaamaan grimmiger te worden.

Weer draaide de trainer het gesprek 180 graden om. "Wat is er gebeurd in je kinderjaren?" De vrouw die van verbazing inmiddels bijna niets meer kon

uitbrengen, kon alleen nog maar stamelen: "Misbruikt."
"En wat heeft dat opgeleverd?" Je hoorde nu duidelijk irritatie in het publiek.
"Smetvrees?" reageerde ze timide.
"Wat deed je nadat je gevallen was?" vervolgde de trainer.
Langzaam maar zeker zag je in het publiek lampjes aangaan.

De vrouw had het eerst zelf nog niet door, maar opeens zag je het gebeuren. Ze klaarde op. Ze rechtte haar rug, haar toon veranderde en opeens riep ze uit: "Ik ben in mijn jeugd misbruikt. Dat heeft me altijd het gevoel gegeven dat ik vies was. Maar dat is puur het verhaal dat ik eromheen heb verteld aan mezelf. Dat verhaal heeft me in mijn leven ontzettend veel energie gekost. Maar het is niet meer dan een verhaal. Als ik val, sta ik op. Dan denk ik er verder niet meer over na. Ik ga in elk geval niet twijfelen aan mijn eigen vaardigheden of minder over mezelf denken. Het is een drama, dat wat gebeurd is, maar door er een verhaal aan te verbinden, blijf ik erin leven. Het beperkt de rest van mijn leven." Lachend voegt ze eraan toe: "Ik denk dat ik straks maar eens een keer mijn handen niet ga wassen in de pauze."

Voor de andere deelnemers was de transformatie inmiddels duidelijk zichtbaar. Deze dame, die zo'n veertig minuten geleden nog was opgekomen als een getraumatiseerd en door het leven getergd slachtoffer, straalde nu. Iedereen realiseerde zich dat ondanks de gruwelijke ervaring die ze moet hebben doorstaan, het vasthouden aan haar verhaal dat zij daarom smerig was, haar onnoemelijk meer ellende heeft gebracht dan het misbruik zelf. Dat het feit, hoe erg ook, het feit is. En blijft. Maar dat het verhaal dat we onszelf naderhand vertellen, ons soms nog wel veel meer in de weg kan zitten. Overigens wil ik hiermee niet zeggen dat je met veertig minuten al je trauma's kan verwerken, maar voor deze dame was de eerste stap, de belangrijkste stap: realisatie van de fabel, gezet.

Je hebt jezelf misschien nooit beschouwd als een bekwaam fictieschrijver, maar de meesten van ons blijken bijzonder getalenteerd in het verzinnen van verhalen. Dat is menseigen. Stel: je hebt een heel leuk gesprek gehad met een potentiële klant en belt haar na om de laatste zaken door te spreken. Je krijgt vervolgens dagenlang geen gehoor. Ze reageert ook niet op je mail. Ze lijkt je volledig te negeren. Je brein bokst het voor elkaar om alle mogelijke fabels te verzinnen. 'Ze heeft me in de maling genomen' of 'Wat een hork, ze had helemaal geen interesse'. Krijg je de potentiële klant eenmaal aan de lijn, dan blijkt de vork heel anders in de steel te zitten. Bleek dat zij onverwacht op reis moest of dat er privé één en ander speelde – terwijl jij je druk zat te maken om de fabels die je jezelf wijs maakte. Bespaar jezelf dus eenvoudig heel veel stress en gemiste kansen door jezelf wat vaker te vragen: is dit een feit of fabel?

Zit je goed in je vel, dan zul je eerder in staat zijn om te relativeren. De basis van een sterk relativeringsvermogen schuilt namelijk voor een belangrijk deel in je professorbrein. In het werkgeheugen om precies te zijn. Het werkgeheugen biedt je het vermogen om informatie op te slaan en te verwerken.[30] Het zorgt ervoor dat je kleine dingen kunt onthouden en verwerken. Het is alleen niet zo gestructureerd. Tijdens je slaap komt je werkgeheugen tot rust. Alle informatie wordt dan opgeschoond en gearchiveerd. Daardoor wordt het makkelijker om vanuit helikopterview naar de feiten te kijken. Slaap helpt je dus om je relativeringsvermogen te versterken. Maar ook rustmomenten gedurende de dag dragen hieraan bij. Vandaar dat rechargen, letterlijk jezelf opladen, zo essentieel is. Niet alleen voor je lichaam, maar juist ook voor je brein.

Dat relativeren je helpt om minder stress te ervaren, blijkt ook uit wetenschappelijk onderzoek van Yale University.[31] Onderzoekers keken naar de verschillende onderdelen in je brein die verantwoordelijk zijn voor het ervaren van stress. Stress ontstaat in eerste instantie in je monkey mind. Daar vinden ook je emotionele reacties plaats. Door echter de connectie te maken met je ratio, je professorbrein, ben je veel beter in staat om de stressvolle situatie vanuit een ander perspectief te bekijken, of wel te relativeren. Hoe vaker je jouw professor hierin traint, des te relaxter kom je in het leven te staan. Kwestie van bewust worden en dan oefenen.

Je hebt niet alles in de hand. Er gebeuren dingen in je leven waar je geen grip op hebt. Hier ligt dan ook een grote oorzaak van onze dagelijkse stress. Het enige wat je wel zelf in de hand hebt, is hoe je daarop reageert. Of je het negatieve kunt zien binnen het grotere plaatje. Of je de feiten kunt onderscheiden van de fabels. Als je je brein af en toe even rust geeft, dan zul je zien dat je professor alles prima een plek kan geven.

Soms moet je alleen snel schakelen, wordt er snel een antwoord van je verwacht. Hoe neem je dan de tijd om toch te relativeren? Daar is een hele simpele oplossing voor.

The Golden Google Rule

Als je de afgelopen jaren op een nieuwe plek bent komen te werken, dan herken je dit vast wel. Toen ik destijds bij Google begon, wist ik helemaal niets van online marketing. Hoe de systemen werkten. Wat er precies van me verwacht werd. In een nieuwe baan beginnen is altijd een grote chaos. Iedereen verwacht dat je gisteren al op de hoogte was en dus in staat bent om volledig mee te draaien. Helemaal als je een team moet aansturen. Bovendien kreeg ik ook continu klanten aan de lijn met vragen waar ik het antwoord niet op had. Dit leverde in het begin enorme irritaties op: “Hoezo weet je dat niet? Jij bent toch van Google?” Best frustrerend.

Al snel ontwikkelde ik hier de perfecte reactie op: mijn Golden Google Rule. Wanneer ik werd overrompeld door een vraag, antwoordde ik: “Er verandert hier zoveel. Ik ga het voor je uitzoeken en kom er zo snel mogelijk bij je op terug.” Google werd daarmee niet alleen mijn werkgever, maar ook mijn raadgever. Ik verschafte mezelf de gelegenheid om de vraag even te parkeren en het letterlijk op Google op te zoeken. Menigmaal was dat ook het enige wat ervoor nodig was. Als ik de link naar het antwoord dan mailde, bleven verdere vragen uit. De boodschap was duidelijk: zoek het zelf even op op Google.

Het parkeren van vragen geeft je dus niet alleen tijd, maar kan ook het aantal vragen dat je krijgt reduceren. Dit werkt over het algemeen ook perfect bij mail. Als mensen echt dringend een antwoord nodig hebben, vinden ze vanzelf wel een andere oplossing.

Ook hier geldt dat het direct willen antwoorden eerder een activatie is van je monkey mind, dan een weloverwogen keuze vanuit je professor. Probeer dus in eerste instantie niet harder te werken, maar slimmer. Gun jezelf de ruimte om na te denken over de beste reactie in plaats van de snelste.

Groeien in plaats van vastlopen

Je weet nu wat mindset is en hoe je jouw mindset in je voordeel kunt gebruiken. Zowel om dingen voor elkaar te krijgen als in situaties van stress. Ook weet je beter hoe je hersenen werken en tegen welke uitdagingen je brein aanloopt.

Maar, hoe ga je nu beter om met die verschillende zaken? Hoe voorkom je dat je niet alsnog in de valkuil stapt van negatieve fabels en onzekerheid. Hieronder delen we nog enkele modellen die helpen met de bewustwording van hoe je monkey mind in de praktijk werkt. Bewustwording is daarbij de eerste stap in het doorbreken van patronen.

Om het concept van de *fixed mindset* en de *growth mindset* uit te leggen, stel ik je graag voor aan de ouderwetse baas en de eigentijdse manager.

Fixed mindset: de denkstijl van de ouderwetse baas

Iedereen heeft wel het type ‘ouderwetse baas’ op de werkvloer rondwandelen. Een leidinggevende of collega die vastgeroest zit in bestaande processen en voor wie hiërarchie erg belangrijk is. De ouderwetse baas gaat door het leven met een zogenoemde fixed mindset.

Dit type is ervan overtuigd dat intelligentie en talenten dingen zijn waarmee je geboren wordt. Je stond vooraan toen de hersenen werden uitgedeeld, of niet, is de opvatting. De ouderwetse baas vermijdt uitdagingen en treedt zelden buiten de comfortzone. Alles om te voorkomen zichzelf een verliezer te voelen. Succes van anderen ziet dit type als een bedreiging. Het gevolg? De ouderwetse baas bereikt minder dan mogelijk is, omdat er geen ruimte is om te falen. Zoals je inmiddels vast eens hebt ervaren: waar angst is om te falen, beperk je de groei.

Growth mindset: de denkstijl van de eigentijdse manager

De eigentijdse manager is een minstens zo bekend karakter. Dit type is ervan overtuigd dat je invloed hebt op je intelligentie en talenten. Simpelweg door hier aandacht aan te geven, hierover te leren en ervaringen op te doen kun je groeien. Het is niet kunnen, maar willen, is een uitspraak die de eigentijdse manager graag gebruikt. Uitdagingen worden met beide handen aangepakt. Feedback of kritiek zijn kansen om van te leren. Hetzelfde geldt voor de successen van anderen. Dit type zal elke mogelijkheid aangrijpen om te leren en zichzelf te ontwikkelen.

Wanneer je het onderscheid tussen deze twee denkstijlen begrijpt, ontdek je dat wanneer je – net als de ouderwetse baas – gelooft dat je capaciteiten vaststaan (fixed mindset), dit leidt tot belemmerende gedachten en handelingen. Geloof je daarentegen net als de eigentijdse manager dat capaciteiten te ontwikkelen zijn (growth mindset), dan zorgt dit voor een shot positiviteit. Een scala aan gedachten en handelingen die je helpen om meer energie, rust, ruimte en plezier in je leven én je werk te creëren.

Marcia Goddard wil hierop een belangrijke nuance aanbrengen: "Er wordt vaak gedacht dat een growth mindset betekent dat je alles maar leuk moet vinden. Dat je een feestje viert op het moment dat je faalt en dat je nooit boos of teleurgesteld mag zijn. Dat is niet zo. Iemand met een growth mindset kan net zo goed heel boos worden. Door de growth mindset wordt deze persoon alleen wél geactiveerd om er wat aan te doen. Dit terwijl iemand met een fixed mindset bij de pakken neer zou gaan zitten."

Niet overtuigd? Er is een overvloed aan wetenschappelijk onderzoek dat de positieve impact van een growth mindset onderstreept. Zo vergroot het je productiviteit en je probleemoplossend vermogen, maar leidt het ook tot meer succes op de werkvloer.[32] Dit maakt dat een growth mindset de basis is om in controle te zijn van je leven. Nu denk je misschien dat het te laat is om jezelf deze mindset aan te meten. Dit zou echter een typische opvatting van de vastgeroeste, ouderwetse baas zijn. Jij hebt inmiddels geleerd over neuroplasticiteit, wat betekent dat je jezelf deze growth mindset gewoon aan kunt leren.

10 tips voor het ontwikkelen van een growth mindset

1. Realiseer je hoe neuroplasticiteit werkt.
2. Vertrouw erop dat het proces minstens zo belangrijk is als de uitkomst.
3. Train je brein (bijvoorbeeld met mind fitness, daar komen we later op terug).
4. Erken je tekortkomingen zonder jezelf erop af te rekenen.
5. Zie uitdagingen als kansen en falen als leren.
6. Leer van je eigen fouten (en die van anderen).
7. Maak van groei een grotere prioriteit dan van snelheid.
8. Stop met het zoeken naar bevestiging.
9. Sta bewust stil om te reflecteren.
10. Durf fouten te maken!

Een laatste waarschuwing:
Één gewoonte die je hele future state om zeep kan helpen

Je kent inmiddels het belang van het ontwikkelen van een growth mindset. Maar ook als je die hard aan het ontwikkelen bent, kun je toch je eigen future state nog behoorlijk in de weg zitten. Ken jij van die mensen die altijd anderen de schuld geven als er iets misgaat? Die altijd een mening hebben over anderen, maar nooit naar zichzelf kijken? Mensen die overal beren op de weg zien en het liefst al je plannen afkraken? Of ben je zelf iemand die altijd iets vindt van een ander? De klagers in jouw leven zeggen een heleboel over jou als persoon. Maar ook over hoe jij in het leven staat. Dat is niet direct positief, maar kan je nu wel iets moois opleveren.

Mensen die klagen, doen dat nooit sporadisch. Het is een virus dat zich langzaam uitbreidt over je hele bestaan. Een vorm van afhankelijkheid en daarmee van het verlies van autonomie. Breinexpert Daphne Feller omschreef het laatst heel mooi: "Liever bekende ellende, dan onbekend geluk." Liever klagen over dat wat we hebben, dan het avontuur aangaan richting geluk. Ook wel bekend als het uit je comfortzone breken. Dit laatste is een handeling in het straatje van onze professor en kost ons dan ook meer energie. Het klagen, lekker lui in je comfortzone blijven zitten, is meer iets voor onze monkey mind.

Hier gebeurt het!

Comfort zone

De kracht van je klacht

Waarom is het dan zo verleidelijk om de laatste roddels met je collega's te bespreken? Om anderen zwart te maken ten gunste van jezelf? Om de focus te leggen op de fouten van je manager? We zagen het al eerder: onze monkey mind doet dat instinctief om onszelf te beschermen.[33] Maar klagen levert je ook iets op. Zo voelt dat in eerste instantie misschien niet, maar het is wel zo. Trainer en coach Ton Keunen beschreef het altijd heel mooi.

Als je klaagt, heb je altijd gelijk. Voor jezelf in elk geval. En mensen hebben nu eenmaal graag gelijk. Zelfs liever gelijk dan geluk. Het kinderlijke en wellicht herkenbare: "Hij moet sorry zeggen," belet velen een klacht daadwerkelijk op te lossen. Je partner vergeet dagelijks het dopje op de tandpasta terug te schroeven? Daar kun je heel veel van vinden. Daar heb je ook gelijk in, maar het maakt de sfeer er niet beter op. Laat staan dat je er gelukkig van wordt.

De ander zit daarmee fout. Jij bent goed. Of andersom. Het is wel lekker als er gewoon iemand goed of fout is. Dat maakt het leven zoveel eenvoudiger. Dat kunnen we ook altijd rechtvaardigen en geeft ons een gevoel van superioriteit. De dop van de tandpasta er zelf opschroeven, maakt je misschien ook niet gelukkig, maar je zal er in elk geval niet ongelukkig van worden.

Je domineert met klagen het gesprek. Jij bepaalt waar de conversatie over gaat en mensen vinden het nou eenmaal heerlijk om over zichzelf te praten. Ook als het hun eigen mening, of vooral, hun eigen gelijk betreft. Maar het belangrijkste van klagen is dat je geen verantwoordelijkheid hoeft te nemen. Sterker nog, je hebt net zitten rechtvaardigen waarom de ander zo fout is en jij gelijk hebt. Het is dus niet aan jou om iets aan de situatie te doen.

Nou is dit bij dat dopje van de tandpasta vooral vermoeiend, maar kijk eens naar het wereldtoneel. Waar sommige heersers of hele bevolkingen al decennia, soms eeuwen lang, in hun klacht blijven zitten. Zij hebben gelijk. Die ander is fout. En dat kunnen ze fantastisch rechtvaardigen. Alleen dan wel ten koste van hele generaties.

In plaats van positiviteit om je heen te creëren, ben je bezig met het voeden van wantrouwen, stress op te bouwen en je eigen negativiteit te bekrachtigen. Klaag jij over de slechte kanten van mensen, dan ga je dit ook steeds meer om je heen zien. *The frequency illusion* (of het Baader-Meinhoffenomeen) wordt dit ook wel genoemd.[34] Wellicht herken je het wel als je eens een nieuwe auto hebt gekocht. Je bent waanzinnig trots op je nieuwe bolide, kom je 'm ineens overal op de weg tegen. Hoe kan dat? Volgens wetenschapper Arnold Zwicky heeft dit te maken met een combinatie van selectieve aandacht en de neiging naar bevestiging te zoeken. Door de nieuwigheid van de informatie zijn je hersenen hier ineens veel meer alert op. Kom je je auto vervolgens daadwerkelijk tegen, dan zien je hersenen dit als een bevestiging van jouw gedachte dat – inderdaad – iedereen nu wel met jouw auto lijkt rond te rijden.

Dit werkt jammer genoeg ook in negatieve zin. Krijg je een bekeuring, dan is de kans groot dat je daarna meer negativiteit opvalt. Voordat je het weet lijkt opeens alles mis te gaan. Ook wel bekend als de Wet van Murphy. Met als resultaat: meer reden tot klagen.

De dramadriehoek

Van een afstandje is het goed te zien wat voor klager iemand is. Of wat voor klager jij zelf bent. Om dit inzichtelijk te maken bedacht psychiater Stephen Karpman, een leerling van de eerder genoemde Carl Jung, de dramadriehoek. Dit model geeft je inzicht in de verschillende posities die je kunt innemen. Welke rol je ook kiest: je gaat er altijd van uit dat de een goed zit en de ander fout.

Volgens de dramadriehoek zijn er drie rollen die elkaar in stand houden: de aanklager, de redder en het slachtoffer.

- Aanklagers vallen anderen bij conflicten graag (verbaal) aan. Ze weten het altijd beter en plaatsen zichzelf vaak boven anderen. Ze zijn er goed in om met hun vingers naar iemand anders te wijzen. De ander zit namelijk fout. Zij niet.
- Redders houden niet van conflicten en zullen er alles aan doen om ze op te lossen of uit de weg te gaan. Ook als dit ten koste gaat van henzelf. Redders vinden het namelijk moeilijk om te delegeren en houden erg van harmonie. Als dit betekent dat ze verantwoordelijkheden van anderen moeten overnemen, dan hebben ze dat er graag voor over.
- Slachtoffers klagen graag en voelen zich vaak minder dan anderen. De wereld is in hun ogen oneerlijk. Het slachtoffer zal geen moeite doen om kansen te zien, want die lopen toch altijd op teleurstelling uit.

Welke heeft jouw voorkeur?

Ervan uitgaande dat we ons allemaal met enige regelmaat in de dramadriehoek bevinden die ons onnodig veel energie kost en ons nagenoeg niets oplevert, is het natuurlijk de grote vraag: wat zegt dit over jou? Dramaqueens gedijen goed bij drama. Een slachtoffer trekt al snel naar een redder om gehoor te vinden, en vice versa. De aanklager wekt de aanklager in anderen op of degradeert de ander tot slachtoffer of redder.

Linksom of rechtsom: dramagedrag roept dramagedrag op. Negatieve energie. Voor je het weet zit je met z'n allen waar je niet wilt zitten.

Heb je heel veel klagers in je omgeving, dan wordt het misschien tijd om eens te kijken hoe jij met dit soort situaties omgaat. Schiet je zelf ook makkelijk in de dramarol? Ben jij het luisterend oor voor andermans drama? Zie die spiraal dan maar te doorbreken.

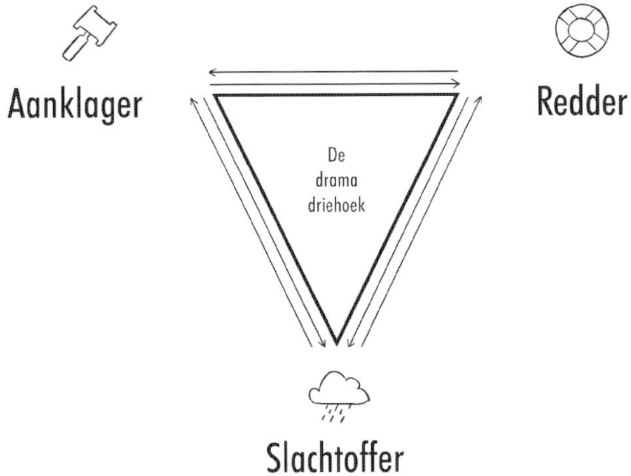

De winnaarsdriehoek

Dit wetende kan je ook jezelf voornemen om simpelweg niet in je eigen dramadriehoek te gaan staan. Gelukkig heeft Karpman hier ook over nagedacht en heeft hij naast de dramadriehoek ook de winnaarsdriehoek geformuleerd. Uitgangspunt hierbij is dat er geen goed of fout is. Wellicht heb je een verschil van mening, maar dat staat los van jou als persoon. Je reageert rationeel op de situatie in plaats van dat je je laat meeslepen in je emoties.

Dit werkt zo:

- Tegenover de aanklager staat de assertieve. De assertieve zegt respectvol waar het op staat, zonder oordeel. Ze laat niet over zich heen lopen, zonder daarbij agressief te worden (daar zit vaak de uitdaging). "Ik merk dat je regelmatig te laat komt. Dat geeft mij het gevoel dat je onze afspraken niet serieus neemt."
- Tegenover de redder staat de coach. In plaats van het probleem over te nemen, "Laat mij dat maar voor je doen," help je de ander op weg door hem in zijn kracht te zetten. Bijvoorbeeld door te vragen: "Hoe zou je dat het beste aan kunnen pakken? Wat heb je nodig om daar een succes van te maken?"
- Tegenover het slachtoffer staat de kwetsbare. Open zijn over wat je raakt kan best eng zijn. Aan de andere kant sta je daarmee wel sterker in je schoenen. Toegeven dat je iets eng vindt of denkt niet te kunnen, maakt je mens. Het voelt misschien niet zo, maar als jij je kwetsbaar opstelt, sta je veel krachtiger in je schoenen.

Voor de duidelijkheid: dit betekent natuurlijk niet dat je nooit meer mag klagen of roddelen. Wel dat je je tijd beter kunt besteden als je jouw future state wilt bereiken. En dat is een feit.

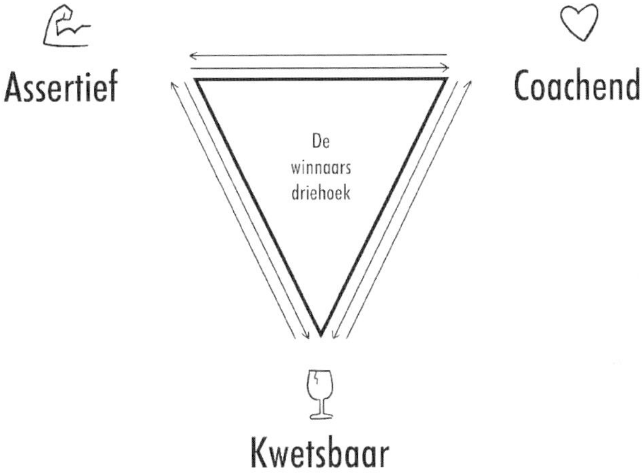

Om te onthouden

- Je mindset is de verzameling van gedachten en overtuigingen en heeft directe impact op of jij je future state gaat bereiken.
- Je monkey mind is het meest primitieve gedeelte van je hersenen. Het reageert snel, emotioneel en reactief.
- Dankzij je professor kun je verbanden leggen, talen leren en je future state bepalen. Dit gedeelte van je brein heeft veel energie nodig.
- Ons brein heeft drie uitdagingen: het is lui, het focust op negativiteit en gevaar en het is niet goed in de eigen capaciteiten inschatten.
- Je hersenen blijven constant veranderen. Door jezelf nieuwe dingen aan te leren en dat te herhalen, worden er nieuwe netwerken in je hersenen aangemaakt. Dit heet neuroplasticiteit.
- Stress is niet per definitie slecht voor je. Het is vooral jouw perceptie van stress (jouw stressmindset) die bepaalt of jij er last van hebt of er juist van profiteert.
- Een goede manier om om te gaan met stress, is door te relativeren. Relativeren is het aanbrengen van onderscheid tussen feiten en fabels. Dit helpt je om je minder zorgen te maken.

- Door het ontwikkelen van een growth mindset vergroot je jouw productiviteit en probleemoplossend vermogen, wat onder andere kan leiden tot meer succes op de werkvloer.
- Merk je dat je je gedraagt als een aanklager, een redder of een slachtoffer? Dan zit je vast in de dramadriehoek. Probeer een assertieve in te zetten, je als coach of juist kwetsbaar op te stellen om in de winnaarsdriehoek terecht te komen.

Inspiratie

- TED Talk: Alia Crum – Change your mindset, change the game
- TED Talk: Marcia Goddard – Teach like a toddler: how to bring education in the 21st century
- Boek: *Sapiens*, Yuval Noah Harari
- Boek: *The Happiness Advantage*, Shawn Achor

Linkjes en meer informatie vind je op www.worksmartplaysmart.nl

Aan de slag

Stressmanagement aan de hand van virtual reality

Om actief het effect van jouw stressmindset te ervaren, bieden wij sinds enige tijd Virtual Reality Stressmanagement Coaching aan. Dit doen we samen met Stressjam, een VR-coachinggame, ontwikkeld door het team van psycholoog Bernard Maarsingh. In het programma voer je, op een virtueel eiland, opdrachten uit waarvoor je hoog of juist laag in je stress moet zitten. Dit wordt bepaald aan de hand van een hartmeting en laat dus direct zien hoe je beter met je stress om kunt gaan.

De insteek van het spel komt bovendien overeen met onze filosofie:

1. bewustwording van hoe je stresssysteem werkt,
2. dan veel oefenen (geen straf met een VR-game), en dan
3. je kennis delen (hier komen we in het laatste hoofdstuk op terug).

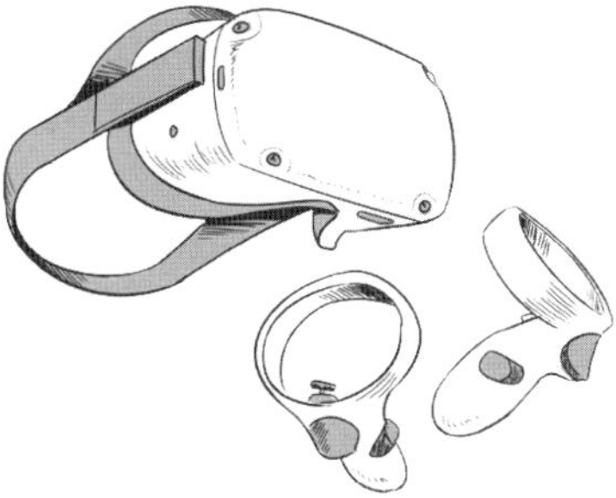

Train jouw growth mindset

Na het lezen van dit hoofdstuk weet je hoe belangrijk het is om je eigen growth mindset te trainen. Je kunt dit als volgt doen.

Is er komende week een moment dat je feedback ontvangt, of dat iemand in je omgeving kritiek op je heeft? En merk je dat je daar niet helemaal voor openstaat? Grijp die situatie dan met beide handen aan. Schrijf allereerst op wat er bij je gebeurt op het moment dat je deze feedback of kritiek krijgt. Wat vertel je jezelf? Dit zou bijvoorbeeld iets kunnen zijn in de richting van: 'Ik baal van deze feedback want het betekent dat ik gefaald heb.' Schrijf vervolgens op wat je tegen jezelf zou zeggen met een growth mindset. Bijvoorbeeld: 'Wat fijn dat ik deze feedback heb gekregen, want die stelt me in staat om te groeien.'

Herhaal dit elke keer dat je merkt dat je niet openstaat voor feedback of kritiek. Word je bewust van je eigen onderliggende motivaties en overtuigingen. Je zult merken dat het steeds meer vanzelf gaat!

My one thing

HOOFDSTUK 3

ENERGIEMANAGEMENT

ALLES WAT JE AANDACHT GEEFT GROEIT

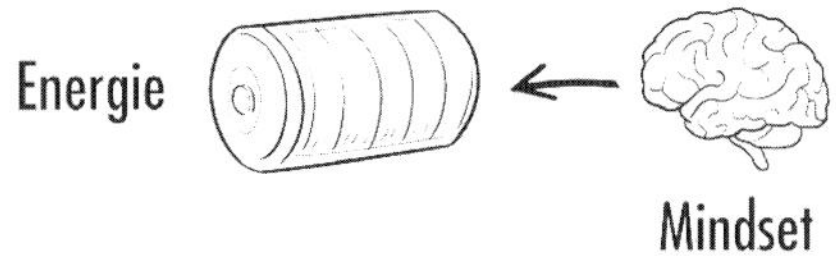

Work hard, play hard is een motto dat de afgelopen jaren zeker ook bij Microsoft gold. Het bedrijf van Bill Gates is daarmee een van de meest waardevolle organisaties ter wereld geworden. Een van de eerste werknemers, Steve Ballmer – nummer 30 op de loonlijst –, was zelfs een van de internationale rolmodellen van deze filosofie. De temperamentvolle Balmer, die van 2000 tot 2014 CEO was van Microsoft, staat vooral bekend om zijn energieke en uitgesproken presentaties.

In een filmpje dat al snel viral ging op YouTube is te zien hoe hij in 2012 het podium opstormt om een congres te openen.[35] De eerste minuut rent hij als een kip zonder kop, luid scheeuwend rond, terwijl Gloria Estefan door de speakers knalt met de toenmalige hit *Get off your feet*. Uiteindelijk komt hij zwetend bij het spreekgestoelte aan waar hij uitgeput steun zoekt. Met zijn laatste energie proest hij uit: "*I... Love... This... Company!*"

De turbulente energie van Ballmer kenmerkt Microsoft in de eerste jaren van de twintigste eeuw. Helaas had zijn persoonlijkheid ook een keerzijde. Hij ging non-stop door en verwachtte niets minder van zijn medewerkers. Hij was opvliegend, kortaf en verschrikkelijk autoritair. Iets wat je ook terugzag bij zijn managementteam. Zo ook bij Terry Myerson, een van zijn directieleden. Myerson was, net als Ballmer zelf, ietwat aan de zware kant, autoritair en uitgesproken.

Hij bleek niet de meest favoriete manager binnen het concern en stond erom bekend dat hij zijn mensen tot het uiterste dreef. Zijn pizzasessies waren berucht: de hele nacht doorwerken op pizza en cola. Zo haalde hij een destijds in de techscene populair gezegde aan: "Pizza smaakt naar productie. En we produceerden alsof ons leven ervan afhing."

Dit resulteerde niet alleen in overgewicht, maar ook in verhoogde stresslevels, irritatie, slechtere onderlinge communicatie en overspannenheid. Een onhoudbare situatie die Meyerson zelfs deed overwegen Microsoft te verlaten. Hij begreep niet hoe andere executives het voor elkaar kregen bedrijven te leiden en tegelijk ook nog vitaal te zijn. De ongekende werkdruk het hoofd te bieden en ook nog fit – en op tijd! – naar huis te gaan. Ten einde raad volgde Meyerson uiteindelijk een heel simpel advies op. Om het hoofd te bieden aan zijn dalende motivatie, tanende vitaliteit en verminderde prestaties kreeg hij een enkele tip die zijn leven, en dat van zijn collega's, binnen een paar maanden drastisch veranderde: meer beweging. Meyerson paste in eerste instantie eigenlijk maar een kleine verandering toe, maar dit bleek toch ongekend grote gevolgen te hebben. De een-op-eengespekken met zijn werknemers deed hij voortaan lopend.

Zo simpel als het klonk, zo effectief bleek het resultaat. Binnen no-time werden de gesprekken met Meyerson de 'regensessies' genoemd. Seattle, waar Microsoft gevestigd is, staat bekend om het slechte weer en de vele regen. Zodoende kwamen Meyersons collega's al snel met hun jas aan naar de meetings. Mettertijd begonnen de dagelijkse meters op te lopen. Dat bracht meer positieve ontwikkelingen met zich mee. Meyerson ging gezonder eten. "Het is veel voor de hand liggender om gezonder te eten als je actief bent," zei hij. Met als gevolg dat ook de weegschaal al snel een curve naar beneden liet zien.

Hij werd zich langzaamaan bewust van hoe een relatief klein verschil in je leefstijl een drastische impact kan hebben op je leven. Van het een kwam het ander en dat zorgde voor een enorme kentering. Niet alleen in zijn leven – Meyerson ging steeds meer bewegen, verloor ettelijke kilo's en deed uiteindelijk zelfs een halve Ironman, 's wereld meest gevreesde triathlon – maar ook in zijn omgeving. Hij verloor zijn negatieve houding. Hij stond meer open voor zijn collega's en hun uitdagingen. Hij had meer aandacht en begrip voor hun persoonlijke situaties. Dit alles resulteerde in een positievere sfeer in het team. Ook zij kregen meer plezier onderling en in het werk. Sterker nog, er werd zelfs (iets) minder hard gewerkt – maar wel meer geproduceerd.

Terry Meyerson is hiermee het toonbeeld van hoe positieve energie alles om je heen kan veranderen. Niet alleen bij jezelf, maar ook in je omgeving. Keihard werken vergt zijn tol. Je kunt wat dat betreft beter slim werken, en slim leven. Daarmee krijg je uiteindelijk veel meer voor elkaar. Zo hou je het bovendien langer vol.

Als je alles uit je leven wilt halen, moet je in elk geval fit zijn. Dat geldt ook voor je werk. Of je nou voor jezelf werkt of in loondienst, er wordt steeds meer van je verwacht. Zelfs dusdanig veel dat filosofen het al hebben over de sportificering van het werk.[36] Overal worden we geattendeerd op targets, wordt van ons verwacht dat we (minimaal) acht uur lang van vergadering naar vergadering marcheren en liefst 's avonds ook nog actief bezig zijn. Werken, en ondernemen trouwens ook, is topsport. Voor topsport heb je energie nodig. Alleen zetten we die over het algemeen niet zo handig in.

Waarom de juiste energie zo belangrijk voor je is

In krav maga, een Israëlische vechtsport, wordt gebruikgemaakt van een verdedigingstechniek om jezelf te beschermen tegen een aanvaller die je vanachter wil overmeesteren. Deze techniek houdt rekening met het feit dat als je tegenstribbelt, je lichter bent en makkelijker op te tillen. Als jij daarentegen in elkaar zakt, je zwaar maakt, ben je opeens niet meer van de grond te krijgen. Je zult dit ongetwijfeld ook wel in extremere gevallen op tv hebben gezien. De bad guys moeten een lijk verplaatsen. Ze beklagen zich daarbij over het feit dat het zoveel weegt. Veel meer dan wanneer iemand nog leeft. Er is geen beweging in te krijgen. Als het lijk maar lang genoeg blijft liggen, wordt het zelfs letterlijk stijf. Zo werkt het ook met onze eigen energie en zelfs met onze gemoedstoestand.

Als je weinig energie hebt of ziek bent, voel je je zwaar, ben je langzaam, reageer je traag. Ik kom er straks nog uitgebreider op terug, maar als je bijvoorbeeld veel zorgen hebt of aan het piekeren bent, voel je je over het algemeen ook zwaar, bedrukt. En dat werkt besmettelijk. Ga maar na: je moet snel iets afgeven bij de supermarkt om de hoek. In alle haast parkeer je voor de deur zonder te betalen. Zodra je de winkel uitkomt prijkt er een witte parkeerbon onder je ruitenwisser. Geïrriteerd stap je de auto in. Terwijl je weg wilt rijden, klap je bijna op een andere auto die je net over het hoofd had gezien. Hoe denk je dat je reageert? De negatieve energie die je hebt ervaren door de parkeerbon zit nog in je lijf en laat weinig ruimte voor begrip voor de ander. Sterker nog, je zal je het komende uur hoogstwaarschijnlijk eerder op de negatieve zaken in je omgeving richten, dan de positieve zien. Nog geïrriteerder vervolg je je dag en opeens lijkt alles mis te gaan. Duidelijk geval weer van de Wet van Murphy.[37] Het gevolg: een rotdag. Vermoeiend. En niet alleen voor jou. Degene die je net bijna voor de sokken reed, deed niets fout en kreeg toch nog even snel een uitbrander. Als die ander verder goed in zijn vel zit, zal hij de negativiteit snel naast zich neer kunnen leggen. Maar als zijn energie laag is, krijgt ook bij hem de negativiteit de overhand.

Gelukkig is het omgekeerde ook waar. Hoe sneller de energie in je lichaam beweegt, hoe lichter je je voelt. Des te beter zit je in je vel. Flexibeler en krachtiger: positieve energie. Die energie werkt aanstekelijk. Ga maar na: als iemand hartelijk begint te lachen, lach je op een gegeven moment vanzelf mee. Misschien herken je het ook wel uit je eigen omgeving. Iemand die anderen kan inspireren, die alleen al door zijn of haar aanwezigheid zorgt voor een positievere vibe. Een mooi voorbeeld is de positiviteitsgoeroe Tony Robbins. Deze Amerikaanse boom van een kerel weet tijdens zijn seminars de duizenden aanwezigen in no-time in een positieve mindset te krijgen. Zijn enthousiaste woorden en inspirerende verhalen in combinatie met de opzwepende muziek zorgen ervoor dat je zonder dat je het doorhebt open staat voor anderen. De aanwezigen, die elkaar verder niet kennen, staan binnen enkele minuten met elkaar te high-fiven, omarmen elkaar en delen hun grootste dromen en geheimen. Die positieve energie werkt aanstekelijk.

Als je goed in je vel zit, heb je meer energie, positieve energie. Je voelt je lekkerder, lichter. Je bent beter in staat om het grotere plaatje te overzien. Je ziet eerder oplossingen dan problemen en je ervaart significant minder stress. Bovendien heb je dit hele proces nog zelf in de hand ook.

Ik had het er eerder al over dat slachtoffers graag andere slachtoffers aantrekken. Als jij lekker in je vel zit, zit je echt niet te wachten op die klaagzang. Om goed te presteren, lekker in je vel te zitten, om te kunnen genieten van je leven, is het dus zaak om je zo veel mogelijk te focussen op positieve energie. Een klein tipje van de sluier waarom meditatie bijvoorbeeld zo goed werkt om positiever in het leven te staan. Je leert jezelf aan om je hoofd leeg te maken. Je leert negatieve energie die zwaar aanvoelt, zoals zorgen, angsten en stress, naast je neer te leggen en te vervangen voor positieve, lichtere energie. Je creeert meer overzicht en kunt daardoor ook beter relativeren. Je geeft letterlijk je professor de tijd om ruimte te maken in de chaos.[38]

En ja, dat kost dus energie. Het helpt dan ook om te weten wanneer je die het beste kunt inzetten, want we verspillen enorm veel energie. Puur doordat we niet weten wanneer we ons waarop moeten focussen. Terug naar die dagelijkse praktijk.

Energy flow

Het is geen geheim dat je energie fluctueert gedurende de dag. De kans is groot dat je in de ochtend een stuk energieker en productiever bent dan rond de lunch. Deze pieken en dalen zetten zich voort tot het moment dat je gaat slapen.

Ieder mens is gelukkig anders, dus ook ieders energieflow is verschillend. Over het algemeen geldt dat je ’s ochtends de meeste energie opbouwt. Die energie bereikt voor het middaguur haar piek, waarna de energie weer daalt en een dieptepunt bereikt rond 15.00 uur.[39] De tweede piek in energie vindt plaats om 18.00 uur, waarna deze alleen nog maar afneemt gedurende de rest van de avond. Deze fluctuatie in energie is een onderdeel van ons bioritme. In onderstaande afbeelding zie je op welke tijden onze lichaamsfuncties het meest actief zijn.

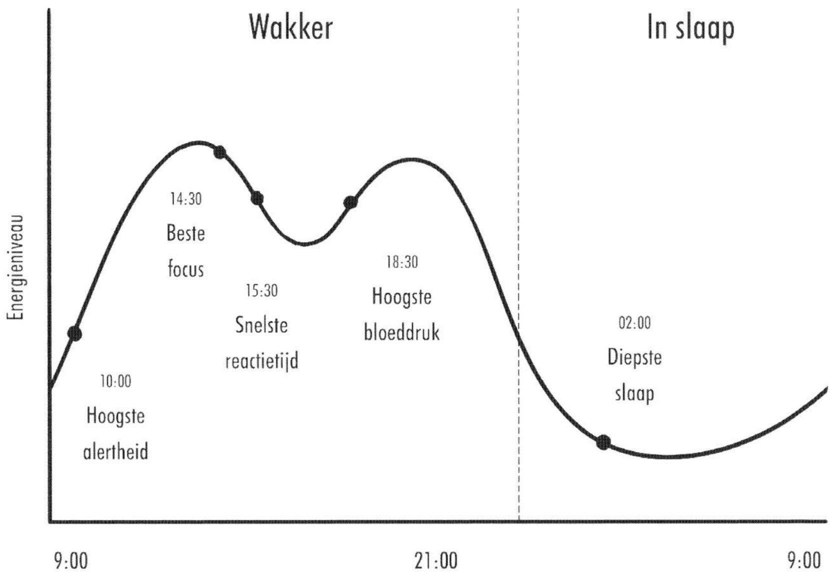

Als je jezelf hier niet van bewust bent, kun je aardig wat energie verliezen die je juist hard nodig hebt om zaken gedaan te krijgen. Alleen al de realisatie van hoe deze flow werkt kan je meteen winst opleveren.

Simpel voorbeeld: wat doe jij als eerste op je werkdag, nadat je koffie of thee hebt gezet en je jouw laptop hebt geopend?

Grote kans dat je als eerste je inbox opent. Je zou het misschien zelf niet zeggen, maar mailen is zelfs leuk voor je hersenen. Je krijgt daar onbewust kleine shots dopamine van, net als van social media trouwens.[40] Ook hierin is de essentie van de sportificering van het werk terug te vinden. Het mooiste aan sport en vooral het kijken naar sport is dat je nooit weet hoe het afloopt. Dat is met mail net zo. Er kan altijd iets moois tussen zitten. De kans is alleen klein dat je 's ochtends meteen goed nieuws ontvangt. Er zullen weinig mensen 's avonds laat nog een mail sturen met hoe blij ze met je zijn of dat de deal nu eindelijk doorgaat. De mails die 's avonds verstuurd worden, en door jou 's ochtends worden geopend, zijn vaak werk van een ander dat nu bij jou over de schutting wordt gegooid. Vragen om iets op te lossen voor een ander. Managementgoeroe Remco Claassen omschrijft het mooi in zijn presentaties: "Als jij geen plan trekt voor jezelf, word je onderdeel van het plan van iemand anders."

Met andere woorden: begin je dag dus niet met andermans plannen (of ellende). Begin met je beste energie aan een project dat voor jou belangrijk is. Je wilt uiteindelijk niet bekend staan als iemand die zo lekker snel op zijn mail reageert. Bovendien zijn er al genoeg collega's die zich daar meester in gemaakt hebben. Beter word je erkend voor het feit dat je zaken voor elkaar krijgt. Jouw zaken.

Een energiek begin van de dag

Vijf stappen in de ochtend die je meer energie, wilskracht en positiviteit geven. Die bijdragen aan jouw plan (je future state) in plaats van dat jij je conformeert aan het plan van iemand anders.

1. Sta direct op zonder snoozen

Snoozen is ontzettend reactief gedrag. Je monkey mind schiet in de weerstand omdat het onder die deken nog zo lekker warm is. Daarnaast is snoozen ook nog eens behoorlijk slecht voor je. Wetenschappers lieten in 2020 zien dat de sluimerstand van de wekker grote negatieve gevolgen kan hebben.[41] De snoozeknop, stelden zij vast, pleegt een aanslag op het autonome zenuwstelsel, met de verhoging van het stresshormoon cortisol tot gevolg. Het kan zelfs depressie veroorzaken. Direct opstaan daarentegen boost je wilskracht, zorgt voor de juiste mindset en activeert ook al de eerste energie om een succes van je dag te maken.

2. Drink meteen een glas water

Water is goed voor je hersenen, om de afvalstoffen uit je lijf te verwijderen, voor een betere huid en je stofwisseling.[42] 's Ochtends meteen water drinken helpt je cognitieve functies, vult je watertekorten na de nacht weer aan en is goed voor je humeur.[43] Het verhoogt je lichaamstemperatuur en die energie wordt gehaald uit het verbranden van calorieën. Duitse wetenschappers stelden vast dat het drinken van een halve liter water de activiteit van de spijsvertering met dertig procent verhoogt.[44]

3. Doe een korte warming-up

Niets is zo goed voor je als bewegen. Helemaal 's ochtends. Al met een korte warming-up komt je energie op gang. Je maakt endorfines aan, het hormoon dat in eerste instantie bedoeld is om pijnprikkels tegen te gaan, maar waar je ook een euforisch gevoel van krijgt.[45] Een paar minuten in de ochtend is al genoeg. Puur om je spijsvertering te activeren en je energie op gang te krijgen, je stress te verlagen en je geheugen te verbeteren.

4. Sluit die af met een paar minuten mind fitness

Zoals ik al eerder schreef kun je je hersenen trainen. Wij noemen dat mind fitness. Of je daarbij kiest voor meditatie, ademhalingsoefeningen of mindfulness, het zijn allemaal manieren om je hersenen beter te leren samenwerken. Mind fitness werkt tegen stress, depressie, opgefoktheid en maakt je weerbaarder en veerkrachtiger.[46] Je doet dit al door een paar minuten te focussen op je ademhaling. Hiermee breng je meteen aan het begin van de dag rust in je hoofd, zodat de keuzes gedurende de dag overzichtelijker worden.

5. Douche koud af

Bij een warme douche verwijden je bloedvaten zich. Draai je daarna de koude kraan open, dan vernauwen de vaten zich weer. Dat is goed voor de bloedcirculatie: je bloed gaat sneller stromen. Wanneer het lichaam afkoelt, gaat het aan de slag: je lijf wil immers altijd op 37 graden blijven, dus wordt het immuunsysteem geactiveerd. Kortom: wie koud doucht, zet zijn lichaam even goed aan het werk. Deze gewoonte brengt daardoor alle hiervoor genoemde punten samen:

- Fysiek – je hele lichaam wordt geactiveerd, je immuunsysteem slaat aan en je voelt een boost energie door je lijf. Denk maar aan die verfrissende duik in de koude zee.
- Mentaal – de douche naar koud zetten of onder een koude douche stappen vergt wilskracht. Je activeert hiermee meteen 's ochtends je professorbrein en dat werkt de rest van dag door.
- Emotioneel – Als jij 's ochtends onder een koude douche stapt, heb je het ergste van de dag maar meteen gehad. Geruststellende gedachte!

Vast een waarschuwing: koud afdouchen, in januari in de zee gaan zwemmen of plaatsnemen in een Freezlab (een koelcel met een temperatuur van zo'n -110 graden Celsius) wordt nooit makkelijker. Hoe vaak je het ook doet. Maar het geeft je wel altijd een energieboost!

Tijd voor creativiteit

Wil je optimaal gebruik maken van jouw energie, rekening houdend met de verschillende taken die je waarschijnlijk hebt? Wees je dan ook bewust van wat je precies wanneer aan het doen bent. Voor veel mensen geldt namelijk dat 's ochtends niet bepaald het moment is waarop je op je creatiefst bent. Dat word je juist als je wat minder energiek bent.[47] Creativiteit vereist namelijk een brede, ongefocuste aanpak. De kans is groter dat je bepaalde ingevingen krijgt wanneer de processen (voornamelijk je professor) in je brein minder actief zijn en je gedachten afdwalen. Voor de meeste mensen is het einde van de dag dus een beter moment om de wat meer creatieve zaken op te pakken. Vanuit je monkey mind heb je toegang toe je onderbuikgevoel, je intuïtie, het fingerspitzengefühl. De beste, creatiefste reclamecampagnes worden ook niet bedacht door puur rationeel denken. Sterker nog: de beste ideeën zijn vaak heel simpel. Ze liggen recht voor je neus, alleen denk je er vaak overheen.

Als je kijkt naar alle informatie tot nu toe, zou een optimale dagindeling er (bij de meeste mensen) dan ook als volgt uitzien:

's Ochtends zet je jouw professor aan het werk en neem je alle informatie in je op. Waarbij je begint met belangrijke projecten voor je future state (in plaats van je e-mail). 's Middags laat je vooral je creatieve vaardigheden de keuzes en projecten uitwerken. Mocht je 's avonds nog energie (en motivatie) over hebben, schiet dan of je mail nog even weg en maak een prioriteitenlijst voor de komende dag of ga werken aan iets wat veel werk is, maar wat niet specifiek heel secure aandacht vereist.[48]

Zoals gezegd verloopt die energieflow niet voor iedereen gelijk. Hij kan bovendien voor jezelf ook nog weleens verschillen. Daarom is het handig te weten waar je zelf op een willekeurig moment staat. Dat kun je doen aan de hand van innovatieve smartwatches en hartmeters, maar het kan ook zonder apparaten. Wij gebruiken daarvoor het *energy mindset quadrant*.

Energy mindset quadrant

Het originele model is ontwikkeld door journalist Tony Schwartz en psycholoog Jim Loehr in 2001.[49] Wij hebben hem iets praktischer gemaakt waardoor hij, naar onze bescheiden mening, herkenbaarder is in je dagelijks leven. Het model gaat uit van je hoeveelheid energie en de positiviteit van je mindset. Als je die twee tegen elkaar wegzet, krijg je vier kwadranten.

Performancezone

De beste plek om te zitten is de performancezone. Hier is je energie hoog en je mindset positief. Hier kun je het meeste werk verzetten, de beste keuzes maken en, het belangrijkste misschien nog wel: hier kun je je het beste concentreren. Hier heb je ook de kans om in flow te komen. Een soort staat van mentale superkracht. In flow presteer je beter, krijg je meer voor elkaar, maak je minder fouten en kost werken de minste energie. Bovendien geeft flow ook een positief gevoel.[50] We komen hier nog uitgebreider op terug in het hoofdstuk over focus. Daarin leggen we uit hoe je sneller en vaker flow kan bereiken, want ook hier zijn eenvoudige technieken voor.

Irritatiezone

Je kunt, door de bank genomen, zo'n zestig tot negentig minuten presteren. Daarna nemen je energie en daarmee ook je prestaties echt af. Je kent wel het gevoel dat je hard aan het sporten bent. Je geeft alles en je merkt dat je vermoeid begint te raken. Je weet niet of je de finish gaat halen of dat je die laatste set nog af kan maken. Je begint te twijfelen. Als je die laatste motivatie uit jezelf moet halen, is dat vaak enorm lastig. Als je een personal trainer naast je hebt staan of een team om je heen hebt, helpen die je vaak meer uit jezelf te halen dan je voor mogelijk hield. Vaak heb je namelijk meer energie en uithoudingsvermogen dan je denkt. Je gaat door op wilskracht, maar daarmee neemt je energie wel rap af.

Als je aan het werk bent, merk je dit minder. Je kunt langer doorgaan zonder dat je echt doorhebt dat je energielevel naar beneden gaat. Maar ook hier geldt dat eerst je positieve mindset achteruit gaat. De motivatie wordt minder, je wordt minder oplossingsgericht en je concentratie neemt af. Je wordt minder scherp en je belandt in de irritatiezone. Zoals in het verhaal van Meyerson. Hard en lang werken, late sessies, veel stress, slechte communicatie en steeds meer ergernis in het team. Zeker als je slecht hebt geslapen, te veel hebt gewerkt, continu op de toppen van je kunnen hebt gepresteerd, ben je sneller geïrriteerd, communiceer je niet altijd even duidelijk (al denk je misschien van wel), maak je eerder fouten en heb je een korter lontje. Dat hoef je zelf niet eens te merken. Als ik dit tijdens een presentatie benoem, is er ook steevast iemand die vrolijk roept: "Aah! Nu weet ik in welke zone mijn partner zich de afgelopen jaren bevindt."

Degene die dit roept, kan altijd rekenen op een applaus van herkenning, zelfs een keer op een staande ovatie, maar eigenlijk is het heel negatief. Mensen kunnen inderdaad jaren in de irritatiezone blijven zitten. Ze kunnen telkens net op tijd ontsnappen aan algehele uitputting door een vakantie of misschien een nieuwe baan ergens anders. Dan gaat het in het begin weer even goed totdat de nieuwigheid ervanaf is. Vervolgens zakt de motivatie weer weg, met de energie er direct achteraan. We verspillen zo met zijn allen enorm veel tijd. Zeker tijdens de lockdown hebben de meeste mensen in een combinatie van adrenaline en overlevingsdrang veel te lang en te hard doorgewerkt. Dat is prima voor een tijdje, maar daarna neemt de effectiviteit af. We leveren hetzelfde, maar het duurt langer, kost meer moeite en is misschien wel helemaal niet hetgeen waar je het beste mee bezig had kunnen zijn.

Burn-out

Met een beetje geluk gaat het uiteindelijk dan toch fout. Van de irritatiezone verval je in de burn-out. Ik zeg 'geluk', omdat het voor velen de redding is. De mogelijkheid om hun leven eindelijk om te draaien en in de juiste richting verder te gaan. Mensen die een burn-out krijgen, rennen vaak al jaren aan zichzelf voorbij. Daarom is het ook simpelweg dom om mensen die een burn-out hebben opgelopen als zwak te zien. Wel valt te betwijfelen of ze de juiste prioriteiten hebben gesteld. Vaak zijn het mensen die juist veel te veel ballen hoog hebben willen houden. De combinatie werk en privé komt daarmee onder druk te staan. Op een gegeven moment neemt de monkey mind het volledig over en vertroebelt al het logisch denken. Je gaat alleen nog maar harder werken. Je gaat meer fouten maken, wordt cynisch en verliest alle puf. Je neemt geen tijd meer om gezond te eten, beweegt minder en slaapt slechter. Want: als je maar laat zien dat je hard werkt, dan kunnen ze daar in elk geval niets op aanmerken.

Vandaar ook 'geluk'. Mensen vergeten hoeveel potentie ze verspillen in de irritatiezone. Je zou haast zeggen dat ze hun leven lijden. Ze blijven maar doorgaan op dezelfde weg. Zonder te bedenken hoe het slimmer kan, want dat kost energie. Liever bekende ellende, dan onbekend geluk.

Toch is er inmiddels veel onderzoek dat aantoont dat je met een positieve mindset, de eerder genoemde growth mindset, ook beter bestand bent tegen burn-out en andere psychische uitdagingen. De juiste mindset helpt je in elk geval na afloop beter herstellen. Sterker nog, de uitdrukking: *What doesn't kill you, only makes you stronger* gaat hier zeker op. Posttraumatische groei, zoals dit fenomeen wordt genoemd, laat zien dat je krachtiger in het leven kan komen te staan na een heftige ervaring of ingrijpende gebeurtenis.[51] Letterlijk *sterker door ellende*, zoals ook het gelijknamige boek beschrijft van therapeut Anja Jongkind en onderzoeker Greet Vonk.[52] Het grootste risico is dus uiteindelijk niet dat je in een burn-out terechtkomt. Het grootste risico is dat je veel te lang in de irritatiezone blijft hangen.

Het is overigens een misvatting dat alleen mensen die ontevreden zijn met hun werk, het werk niet aankunnen of juist zwaar onder hun niveau werken (bore-out) overspannen of burn-out kunnen raken. Ook als je je werk fantastisch vindt en bevlogen bent kun je de motivatie verliezen en jezelf voorbij lopen. Veerkracht ontstaat dan ook niet door continu vast te blijven houden, maar door juist af en toe los te laten. We werken niet te hard, we rechargen te weinig.[53]

Recharge

Dat is dan ook het laatste quadrant. Of je nu in de performancezone zit, de irritatiezone of in een burn-out, de weg terug naar performance gaat altijd via rechargen. Bewust rust pakken. Slim ontspannen. Want ook rechargen is iets wat je goed en fout kunt doen. In hoofdstuk 5 kijken we hoe je dit optimaal aan kunt pakken.

Om die irritatiezone te vermijden, moet je dus goed op je energie letten. Alleen, zoals je eerder al las: als we veel stress ervaren en hoge werkdruk, gaat onze ratio als eerste de deur uit. We vergeten goed voor onszelf te zorgen. De energiebronnen die we dan juist nog harder nodig hebben, verwaarlozen we.

Net als bij een auto hebben we brandstof nodig om goed te functioneren. In een oud barrel maakt het niet zoveel uit wat je erin stopt, die ploetert toch wel door. Je kunt je echter voorstellen dat Max Verstappen alleen de allerbeste verhouding van brandstof in zijn Formule 1-auto wil. Dat geldt ook voor hemzelf. Om optimaal te presteren is hij heel bewust bezig met zijn eigen energiehuishouding. Zijn training, voeding, ademhaling, ontspanning, het draagt allemaal bij aan het uiteindelijke resultaat op het circuit.[54] Als jij dus je future state hebt bepaald, je weet waar je naartoe wilt en waarom dat belangrijk is voor jou, je hebt de juiste mindset om daar ook echt te komen, dan heb je vervolgens de juiste energie nodig om tot actie over te gaan en door te zetten.

De brandstof die we daarvoor nodig hebben, bestaat voor een groot deel uit voeding, water en zuurstof. Voor mijn vorige boek heb ik samen met een team van experts onze kennis over deze externe energiebronnen uitgewerkt. Mocht je dat willen nalezen, dan kun je het vinden in het ebook *Recharge*. Dat bied ik je graag aan als extraatje bij dit boek. Je kunt hem tijdelijk downloaden via www.worksmartplaysmart.nl.

Interne energie

Nadat haar TED Talk in 2010 een van de beste bekeken talks aller tijden was geworden, kwam Harvardpsycholoog Amy Cuddy behoorlijk onder vuur te liggen. Het onderzoek dat ten grondslag lag aan haar bevindingen zou niet valide zijn. Haar onderzoek zou niet voldoen aan de geldende standaarden. Het zou pseudowetenschap zijn. De aanval van andere onderzoekers was zelfs zo overweldigend dat haar medeonderzoekers afstand deden van hun bevindingen. Ook andere collega's durfden haar niet meer publiekelijk te steunen.

Cuddy en haar, toen nog, collega-onderzoekers hadden gekeken naar de effecten van *power posing*, krachtig staan.[55] Ze kwam daarbij tot twee conclusies:

1. Mensen die een power pose aannemen, staan sterker en overtuigender in hun schoenen dan mensen met een neerslachtige houding of die zelfs gewoon blijven staan. Je houding heeft dus een belangrijke impact op hoe je je voelt.

2. Op het moment dat je zo'n power pose aanneemt, vindt er een chemische reactie plaats in je hersenen. Het testosteron neemt toe en je cortisol, je stresshormoon, neemt af. Deze effecten zouden zelfs blijvend zijn op langere termijn.

Na haar TED Talk werd power posing een onmiddellijke hype in Amerika. Iedereen die een presentatie moest doen, een wedstrijd ging spelen of een belangrijk gesprek inging, trok zich eerst even terug om zichzelf groot te maken. Om een krachtige houding aan te nemen, diep in en uit te ademen. De interne energie te laten stromen en zich daarmee klaar te stomen voor de 'wedstrijd'.

Mede vanwege het succes van haar presentatie en de populariteit van het onderzoek begonnen andere wetenschappers haar conclusies in twijfel te trekken. Er werden nieuwe onderzoeken gedaan. Die bleken de resultaten van Cuddy niet te kunnen reproduceren. Vrij snel daarna werd ze afgeslacht in de media. De vraag is of dat terecht was. Uiteindelijk bleek het laatste deel van haar hierboven beschreven conclusies inderdaad moeilijk volledig te reproduceren: power posing verandert waarschijnlijk niet je hormoonhuishouding op de lange termijn.

Maar power posing kan je wel degelijk een beter, krachtiger gevoel geven. De logica erachter is eenvoudig: als jij jezelf groot maakt, je lichaam uitstrekt, je houding sterk maakt, je spieren aanspant en een paar keer diep en krachtig ademhaalt, voel je je gegarandeerd energieker, positiever en daarmee sterker (mentaal en fysiek) dan wanneer je dat niet zou doen.

De extra zuurstof zorgt voor een boost energie. Die zuurstof komt dieper in je longen en daarmee beter door je lichaam. Het aanspannen van je spieren vereist extra energie die je lichaam vrijmaakt. Als jij groots en zelfverzekerd staat, is de kans ook veel kleiner om negatieve gedachtes op te wekken.[56]

Het is niet voor niets dat spelers voor een wedstrijd warmlopen of dat mensen die een presentatie moeten geven zich eerst mentaal en fysiek nog even oppeppen. Vergelijk het maar met zelf in actie komen: gaat dat het beste als je eerst staand een paar keer diep adem hebt gehaald, of zittend vanaf de bank? Ook de eerder genoemde ceo van Microsoft, Steve Ballmer, gaf een goed voorbeeld van power posing. Misschien dat hij het een tikkie overdreef, maar reken maar dat zijn publiek zelfs volledig energized was nadat hij was opgekomen. Positieve energie werkt aanstekelijk.

Door power posing krijgen we, zoals Cuddy zag, inderdaad meer zin in de wedstrijd of de prestatie en wordt ons stressgevoel verlaagd. Het resultaat is alleen niet blijvend. Helaas. Maar het laat wel zien hoe krachtig onze interne energiebronnen als emoties en lichaamshouding zijn.

En als de energie dan goed zit, moet je die sturen. Tijd om wat focus aan te brengen.

Om te onthouden

- Alles is energie. Negatieve energie trekt negatieve energie aan, en andersom trekt positieve energie positieve energie aan!
- Breng voor jezelf in kaart hoe jouw natuurlijke energieflow is op een dag. En probeer je dag zo in te delen dat je daar optimaal gebruik van kunt maken.
- Vermijd het om in de irritatiezone te belanden, door goed op je eigen energie te letten.

Inspiratie

- TED Talk: Wendy Suzuki – The brain-changing benefits of exercise
- TED Talk: Amy Cuddy – Your body image may shape who you are
- Documentaire: *Game Changers*
- Documentaire: *Seaspiracy*
- Documentaire: *I'm not your Guru*

Linkjes en meer informatie vind je op www.worksmartplaysmart.nl

Aan de slag

Onderzoek jouw natuurlijke energieflow

Weet jij van jezelf wanneer je het meest productief bent op een dag? En wanneer het minst? Zo niet, probeer dit dan voor jezelf eens te onderzoeken. Schrijf komende week elk uur van de dag op hoe energiek je je voelt. Als het goed is, zie je na deze week een patroon. Vervolgens kun je je dagelijkse ritme op basis van dit patroon gaan indelen! Goed om te weten: dit werkt het beste als je deze week geen koffie drinkt. Koffie heeft namelijk een grote impact op je natuurlijke energieflow.

Ga voldoende naar buiten

Zorg dat je minimaal drie keer overdag tenminste vijf minuten naar buiten gaat om je werkdag te breken! Geef bij een online meeting aan of deelnemers hun scherm nodig hebben of dat ze ook wandelend buiten mee kunnen doen ('*No screen*'-meeting).

Beperk meetings tot vijftig minuten

Op die manier weet je zeker dat je voldoende tijd overhoudt tussen afspraken om je benen te strekken, iets te drinken of naar de wc te gaan. Wist je dat je een functie hebt in je agenda waarmee je meetings standaard voor 25 of 50 minuten in kunt plannen?

Het nuttige met het aangename verenigen

Een van Terry Meyersons guilty pleasures was eindeloos Netflixseries bingewatchen. Hij maakte met zichzelf de afspraak dat hij dat mocht, zoveel als hij wilde – als hij ondertussen maar op de loopband of crosstrainer stond. Zo kun je ook je favoriete podcast luisteren terwijl je 's avonds nog een wandeling maakt.

Zorg dat je voldoende vitamines binnenkrijgt

Gezond eten is essentieel voor de juiste energie. En dan in het bijzonder de juiste vitamines en mineralen. Helaas krijgen we die tegenwoordig niet altijd in de benodigde hoeveelheid binnen. Wat daar ook de reden voor is – beperkte kennis van de juiste voeding, een veranderende levensfase, te weinig tijd of te hoge kosten – het zou de moeite kunnen lonen om supplementen toe te voegen aan je dieet.

My one thing

....

....

....

....

....

....

....

....

....

....

....

....

....

....

....

HOOFDSTUK 4

VAN FOCUS NAAR FLOW

HOE JE BIJNA TWEE KEER ZOVEEL UIT JE DAG KUNT HALEN

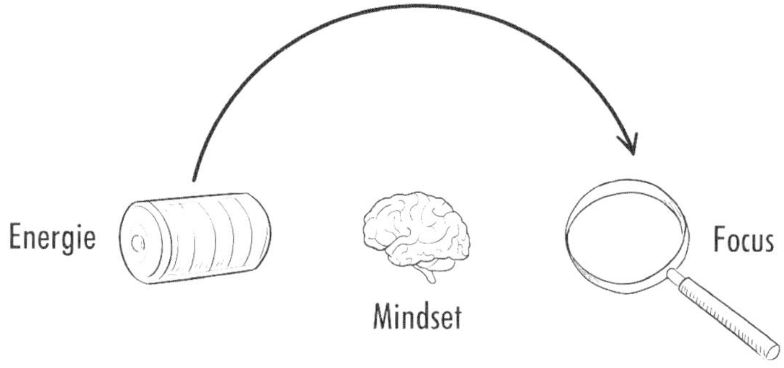

Hoe komt het dat je soms na een dag keihard werken, maar je het gevoel hebt dat je niets hebt gedaan? Of erger nog, je hebt een dag daadwerkelijk niets gedaan en je bent tóch kapot. Waarom melden veel mensen die gezond eten, genoeg bewegen, waarschijnlijk ook wel genoeg slapen, dat ze alsnog vaak moe zijn?

Het heeft allemaal te maken met de juiste focus. Er is namelijk een duidelijke relatie tussen focus en jouw energielevels. In dit hoofdstuk leer je hoe je beter kunt focussen en daarmee meer energie kan opbouwen en behouden gedurende de dag. Met die extra energie gaat het werk sneller en beter. Bovendien houd je zo extra energie en tijd over voor je eigen zaken.

Van de nazi's naar de maan

In 1969 zette Neil Armstrong als eerste mens een voet op de maan. Dit historische moment is een schoolvoorbeeld van een future state. Voorzien van focus en de juiste energie (of wilskracht) om dat doel te bereiken.

Wat veel mensen zich niet realiseren, is wat er vooraf is gegaan aan deze triomf. Hoe geromantiseerd dit spektakel ook is, de toewijding en de focus op het succes van de Amerikanen werd niet bepaald gedreven door een hang naar avontuur.

Het was 1957 toen Rusland als eerste een satelliet lanceerde in een baan om de aarde. De Spoetnik 1 was daarmee het eerste onbemande ruimteschip, en meteen ook een heel duidelijke boodschap richting de Amerikanen. De wereld was in die tijd in tweeën gesplitst vanwege de Koude Oorlog. De spanningen tussen het communistische Oosten en het vrije Westen hadden de wereld in zijn greep. De angst voor een Derde Wereldoorlog hield de internationale gemoederen goed bezig. Vanwege de afstand tussen beide machtsstaten was de beheersing van rakettechnologie een van de meest dominante toonbeelden van superioriteit. Immers, wie raketten kon bouwen en besturen, had een belangrijke troef in handen.

De ogenschijnlijke voorsprong van de Russen was dan ook een niet te missen signaal naar de Amerikanen om alles op alles te zetten om de ontwikkeling van hun ruimteprogramma's te prioriteren. Om dit kracht bij te zetten, maakte John F. Kennedy in 1961 zijn future state kenbaar aan de wereld: "Dit land moet zich verplichten om de mens nog voor het einde van dit decennium op de maan te laten landen en hem weer veilig naar aarde te brengen."

Zijn *waarom* kwam misschien vooral voort uit angst voor de technische voorsprong van de Russen en de dreiging die dat voor de Amerikanen betekende. Niettemin was het een extreem krachtige motivatie om te focussen op het doel.

Deze future state speelde ook Wernher von Braun in de kaart. De in 1912 geboren Poolse wetenschapper was al van jongs af aan gefascineerd door raketten en ruimtevaart. Al op zijn dertiende deed hem dit zelfs in de cel belanden. Hij had een speelgoedauto met behulp van een vuurpijl gelanceerd in een drukke straat. Het autootje ontplofte alleen, waarna zijn vader hem kon ophalen van het politiebureau. Het deed niets af aan zijn passie voor raketwetenschap.

In 1933 was hij bezig met zijn proefschrift aan de Technische Universiteit van Berlijn toen de nazi's in Duitsland aan de macht kwamen. Von Brauns kennis over en ervaring met rakettechnologie waren de nazi's niet ontgaan. Al snel kreeg hij beschikking over een volledig team met onbeperkt budget voor geheim militair onderzoek naar gevechtsraketten. Niet geheel onsuccesvol:

zijn focus en toewijding resulteerden al twee jaar later in een raket die 2,4 kilometer hoogte kon bereiken. Von Brauns eigen future state was weliswaar nog 9997,6 km verwijderd, maar het begin was er. Gelukkig kregen de Duitsers de daadwerkelijke besturing van de raketten niet onder de knie waardoor veel raketten wel landden, maar pas na de inslag diep in de grond tot ontploffing kwamen. Of Von Braun hier een hand in had, is niet bekend. Hetzelfde geldt voor de vraag of hij het nazigedachtegoed volledig omarmde. Hij was in elk geval opportunistisch: het maakte hem niet uit voor wie hij werkte, zolang hij maar kon bouwen aan zijn grotere doel om ruimtevaart mogelijk te maken. Helaas voor de Duitsers had hij meer interesse in raketten door de dampkring te krijgen, dan richting de vijand.

Aan het einde van de oorlog werden Von Braun en zijn team zelfs door de SS bewaakt uit angst dat zij zouden overlopen naar de geallieerden. Von Braun gaf zich uiteindelijk over aan de Amerikanen. Want, zo stelde hij: Amerika is de enige natie met genoeg financiële middelen om een ruimtevaartprogramma te realiseren.

Von Braun en zijn team waren de eerste naziwetenschappers die door de Amerikaanse overheid naar Amerika werden overgebracht om zo hun kennis voor de Verenigde Staten in te zetten. In ruil voor expertise werden zij ontslagen van rechtsvervolging. Voor de rasopportunist Von Braun een droomscenario. Hij kon weer verder werken aan zijn future state.

Of het nu door zijn achtergrond kwam of door de matige belangstelling voor ruimtevaart onder de Amerikanen, in zijn eerste jaren in Amerika had Von Braun te weinig geld om zijn projecten te verwezenlijken. In een poging dit tij te keren is hij gaan werken als technisch adviseur voor Walt Disney. Zijn doel: televisiefilms maken die de populariteit van ruimtevaart moesten vergroten. Weer waren het zijn focus en doorzettingsvermogen die ervoor zorgden dat dit proces een succes werd. In 1955 bereikte de film *Man in Space* 42 miljoen kijkers. Het was de aanzet tot een maatschappelijke discussie over het belang van ruimtevaart.

Maar de echte doorslag voor Von Braun kwam naar aanleiding van de lancering van de Spoetnik 1. Dit machtsvertoon vanuit het communistische Rusland plaatste de Amerikanen op grote achterstand op het gebied van geavanceerde raketontwikkeling. Een middel om de absolute voorsprong te pakken in de Koude Oorlog. Ruimtevaart en de kennis van rakettechniek kregen direct de hoogste prioriteit. Het lijkt bijna alsof al Von Brauns activiteiten hem in de voorgaande jaren hadden klaargestoomd voor deze kans.

Het was Von Brauns focus en doorzettingsvermogen die ervoor zorgde dat zijn Apolloprogramma twaalf jaar later als eerste een man op de maan zette.

De juiste keuze

Von Braun zal ongetwijfeld een hoop keuzes hebben moeten maken in zijn leven om zo'n groot spektakel te kunnen realiseren. Niet alle keuzes zullen even positief zijn geweest, maar de kans is groot dat ze wel allemaal hebben bijgedragen aan zijn future state. Hoe helderder die future state, hoe makkelijker je ook de beste keuzes kan maken. Bovendien kost het dan ook veel minder energie om te blijven focussen en je niet te laten afleiden.

Het is een zegen dat 90 tot 95 procent van onze keuzes door onze monkey mind worden gemaakt, want het bewust nemen van beslissingen kost veel energie.[57] Het vermoeiendste aan het maken van keuzes is het ellenlange wikken en wegen. Je wilt uiteraard de beste keuze maken, maar is die er wel? Kom je er überhaupt achter of je dat hebt gedaan? Kiezen voor het een, betekent afscheid nemen van het ander. De essentie van een keuze is dat je het een boven het ander stelt. Soms heb je een fantastisch idee waarvan je denkt dat het ontzettend veel extra's kan opleveren. Jij raakt zo gehecht aan dit idee dat je niet meer inziet dat het helemaal niet past in het grotere plaatje of dat jouw klanten er helemaal niet op zitten te wachten. *Kill your darling* en focus al je energie op het hogere doel om de grootste kans op succes te waarborgen.

Waarom is focus zo belangrijk voor onze positiviteit en de hoeveelheid energie die we ervaren? Simpel: focus helpt je om de juiste dingen te doen groeien.

De zaken die eigenlijk onbelangrijk zijn of je onevenredig veel energie kosten, links te laten liggen. Focus houdt je op het pad richting je gewenste future state. Het is bovendien de enige wetenschappelijk onderbouwde manier om optimale effectiviteit en ultiem geluk te ervaren.[58] Ik kom hier zo op terug.

Focus betekent prioriteiten stellen. Het maakt het verschil tussen iets voornemen en iets volhouden. Om je daarbij te helpen zijn er een aantal krachtige technieken om je focus te verbeteren. Om een omgeving te creëren die het maken van de juiste keuzes en effectieve gewoontes makkelijker maakt. Waarmee je effectiever werkt en daardoor meer gedaan krijgt in minder tijd. En bovendien meer plezier beleeft aan je werk. Dat begint met weten waar je naartoe wilt en waarom dat belangrijk is.

Ben jij een maximizer of een satisficer?

De gehele technologische en economische vooruitgang heeft een eindeloze hoeveelheid aan keuzes opgeleverd. Luxeprobleem of niet, iedereen heeft ermee te maken. Je hoeft niet eens aan de vooravond van een grote beslissing te staan om dit te ervaren. Duik maar eens in een nieuw telefoonabonnement; de hoeveelheid aan keuzes werkt eerder benauwend dan bevrijdend.[59] Deze veelheid aan keuzes zorgt er ook voor dat we vaker niet tevreden zijn met onze beslissingen – wat weer tijd opslokt doordat we daarover blijven piekeren.[60]

Dit laatste zal voornamelijk een herkenbaar fenomeen zijn voor *maximizers*. Maximizers zijn mensen die altijd de optimale keuze willen maken. Zet maximizers in een willekeurige elektronicazaak en ze zijn luttele seconden later verzeild geraakt in online reviews over de betrouwbaarheid van het product. Is wat ze op het oog hebben misschien niet ergens anders voor een nóg lagere prijs verkrijgbaar? In dit specifieke geval misschien een goede vraag, maar in het dagelijks leven kunnen maximizers zichzelf behoorlijk in de weg zitten. Als er immers eindeloos veel keuzes zijn, houdt dat wikken en wegen, en de keuzestress die hiermee gepaard gaat, namelijk nooit op. En dat is dodelijk vermoeiend.

Als het aankomt op het maken van keuzes, kun je beter in de schoenen staan van de *satisficer*. De satisficer streeft een keuze na die tevreden stelt. Dit klinkt – ambitieus als we zijn – wellicht niet als de meest aantrekkelijke route. De wetenschap leert echter dat satisficers gelukkiger zijn dan maximizers.[61] Het zijn juist de maximizers die meer afhankelijk zijn van anderen bij het nemen van grote beslissingen, die vaker voor zich uitschuiven en achteraf meer spijt ervaren.[62]

Je vraagt je misschien af wat het zijn van een maximizer of een satisficer te maken heeft met het bereiken van je future state. Voor een maximizer is het behoorlijk lastig om knopen door te hakken, aangezien hij of zij de beste keuze wil maken. Met het oog op je future state weet je nooit zeker of je de juiste keuze zult maken. Je weet namelijk nooit wat er precies gaat gebeuren en of je alle informatie compleet hebt. De satisficer heeft hier minder last van. Deze zal makkelijker een keuze kunnen maken die de future state een stapje dichterbij brengt. Ongeacht of dit de beste keuze is.

Geen keuze is ook een keuze

Het maken van geen keuze is vaak nog erger dan het maken van de verkeerde keuze. Veel mensen willen liever iedereen tevreden houden en onthouden zich van het nemen van een beslissing, maar geen keuze maken is ook een keuze. En vaak niet de beste. Voor niemand.

Nu het goede nieuws voor de eeuwige piekeraars en de maximizers: een keuze maken lucht altijd op. Zelfs al is het niet de juiste. Een bekend onderzoek op dit gebied is één waarbij proefpersonen blind moesten kiezen tussen verschillende koekjes.[63] Hun werd verteld dat ze het risico liepen ook een smerig, veel te zout koekje te proeven. Aan de proefpersonen de opdracht: kies een koekje of kies niet. De uitkomst? Zelfs de mensen die het smerige zoute koekje kozen, waren tevredener dan de mensen die besloten niet te kiezen. Oftewel: Het maken van een keuze is bevredigender dan geen keuze maken.

In de huidige maatschappij zijn we steeds meer bewust bezig met het maken van keuzes. Een gemiste kans, want ons bewustzijn (onze professor) heeft een beperkte verwerkingscapaciteit. Je monkey mind heeft daarentegen het vermogen om een veelvoud aan kennis en informatie op te slaan – 200.000 keer meer dan je bewuste professor![64] De oude wijsheid van het luisteren naar je intuïtie krijgt daarmee opeens een wetenschappelijke onderbouwing. Luister je naar je onderbewustzijn, dan krijg je een veel beter antwoord op je vragen en kun je veel krachtigere keuzes maken.[65]

Volgens psycholoog Ap Dijksterhuis, auteur van *Het Slimme Onbewuste*, bestaat het ultieme keuzeproces dan ook uit drie stappen.[66]

Stap 1: probeer zo veel mogelijk relevante informatie in te winnen en lees jezelf goed in.

Stap 2: laat de informatie rustig bezinken. Het spreekwoordelijke nachtje erover slapen. Dit maakt rechargen en de bijbehorende rechargemomenten (waar we het in het volgende hoofdstuk over gaan hebben) zo belangrijk. Het geeft je de mogelijkheid om de verworven kennis en informatie in je onderbewuste te laten bezinken.

Stap 3: is je gevoel erover uit wat de juiste keuze is? Dan is het tijd om eventuele addertjes onder het gras na te lopen. Vanzelfsprekend een bewust proces om te voorkomen dat je iets over het hoofd ziet. Bovendien voorkom je hiermee dat je te snel reageert en een kortetermijnsucces verkiest boven een keuze die op de lange termijn veel meer oplevert.

Het maken van keuzes is noodzakelijk om eigenaarschap te nemen over jouw future state. Het helpt je om een omgeving te creëren waarin het bereiken van je future state makkelijker wordt.

Meer doen in minder tijd: it is rocket science!

Heb je een juiste keuze gemaakt, dan ligt er direct een andere uitdaging op de loer. Elke twintig seconden worden we afgeleid.[67] Wat maakt het nou zo lastig om je hoofd bij een taak te houden?

Om te focussen moet je je professor activeren. Dat kost energie. Mensen zijn wat dat betreft net raketten. Je hebt vast weleens de beelden gezien van die eerste vlucht van de Apollo 11 naar de maan. Op 16 juli 1969 vertrok een team van drie astronauten – Neil Armstrong, Michael Collins en Edwin 'Buzz' Aldrin – richting de maan. De start is een fenomenaal spektakel. De raket staat rechtop opgesteld richting haar doel. Als het dan zover is, worden de motoren gestart en ontstaat een enorme energie onder de raket. Voor je er erg in hebt is het hele startplatform door rook omgeven en begint de raket onder luid gebulder langzaamaan op te stijgen. Een spoor van rook en vlammen ontstaat aan de voet van de raket terwijl deze steeds sneller richting het heelal omhoog schiet. Zodra de snelheid van 26.000 km per uur is bereikt, worden de brandstoftanks afgestoten en kan de raket aan het echte werk beginnen. Zijn reis door de ruimte is begonnen. Op weg naar de maan. Zodra de raket onze dampkring heeft verlaten, valt de zwaartekracht weg en kan de raket zijn reis veel makkelijker en sneller voortzetten.

De raketvlucht valt te vergelijken met onze focus. Het starten van een project kost het meeste energie. Het kost enorm veel moeite om uit de dampkring van je gedachten te komen. Als je eenmaal op gang bent en je gefocust aan het werk bent, lijkt het langzaamaan steeds meer vanzelf te gaan. Je vergeet de wereld om je heen, werkt sneller en maakt minder fouten. Je krijgt meer gedaan in minder tijd.

Beter nog, onderzoek heeft uitgewezen dat je op momenten van focus zelfs gelukkiger bent.[68] Zelfs wanneer je je focust op kleinere klussen. Door gefocust te werken kun je als het goed is de ene na de andere klus wegwerken. Door je echter langere tijd op eenzelfde taak te focussen kun je langzaam maar zeker een staat van flow bereiken. Het resultaat wordt beter en je krijgt er zelfs energie van. Maar hoe doe je dat? Let goed op, de volgende hoofdstukken bieden inzichten waar je waarschijnlijk de rest van je leven wat aan hebt.

Flow magic

We hadden het al eerder over de kracht van het onderbewuste. In je onderbewuste zitten al je kennis en vaardigheden opgeslagen. Die krijg je er alleen uit als je daar niet bewust mee bezig bent. Daar zit ook meteen de uitdaging. Bewust niet met je bewuste bezig zijn, maar erop vertrouwen dat je onderbewuste het oplost. Vergelijk het met golfen. Een golfprofessional als Tiger Woods oefent continu op de driving range bewust op zijn techniek. Hij heeft diverse coaches die hem adviseren. Hij analyseert zijn slagen en vergaart alle informatie om zijn slag telkens weer net iets beter te maken. Full focus trainde hij regelmatig dertien uur per dag. Iedere keer weer om de perfecte slag te ontwikkelen. Hij werkt aan zijn conditie en let op zijn voeding om zijn energie optimaal te krijgen zodat hij al die training ook optimaal volhoudt.

Vervolgens staat hij in de wedstrijd. Ter voorbereiding op zijn slag en om zelf tot rust te komen visualiseert hij hoe zijn slag zal gaan. Hij definieert hiermee meteen een mini-future state. Dit helpt niet alleen met het instrueren van zijn mindset, maar ook om snel in flow te komen. En daarmee zet hij zijn onderbewuste aan het werk. De kunst is dan ook om tijdens de slag volledig te vertrouwen op je onderbewuste. Niet meer bewust bezig te zijn met je techniek, de omgeving of je drang om te winnen. Volledig opgaan in het moment. Dat is namelijk precies wat er gebeurt in flow. Er is door de jaren heen veel onderzoek gedaan naar deze staat van *peak performance*. Uiteindelijk was het de Amerikaans-Hongaarse psycholoog Mihaly Csikszentmihalyi die in de jaren 70 de term flow toedichtte aan deze ultieme staat van zijn. Zijn onderzoek komt op het volgende neer. In een staat van flow vindt er een verandering plaats in je hersenen. Naarmate je meer en meer focust, wordt het langzame systeem van bewuste informatieverwerking overgenomen door het veel snellere en efficiëntere systeem van onbewuste informatieverwerking. De energie die normaal wordt gebruikt voor hogere cognitieve functies wordt ingezet voor meer aandacht en bewustzijn.[69] Je werkt daardoor sneller, maakt minder fouten en hebt er meer plezier in. De reden dat flow *flowy* aanvoelt, is dat de onderdelen in je brein die het doorhakken van knopen bemoeilijken even uitstaan. We kunnen ons zodoende optimaal focussen, wat je prestaties ten goede komt.

Het stemmetje in je hoofd ontmaskerd

Veel mensen hebben last van dat stemmetje in ons hoofd dat ons vertelt dat we iets niet goed genoeg doen of dat we niet goed genoeg zijn. Dat telkens piekert over hoe we iets moeten aanpakken. Zoals je kunt lezen in het voorbeeld van Tiger Woods lijkt hij daar op het moment suprême geen last van te hebben. Hoe lukt het hem om op dat moment te vertrouwen op zijn onderbewuste en volledig op te gaan in het moment?

Daar zorgt flow voor. In je professorbrein is de dorsolaterale prefrontale cortex te vinden. Dit gedeelte van je hersenen is verantwoordelijk voor dat stemmetje in je hoofd dat constant je eigen gedrag analyseert en beoordeelt. Wanneer je een staat van flow bereikt, wordt dit gedeelte van je hersenen stilgelegd. Daarom kun je, wanneer je in flow aan het werk bent, ook zo goed doorwerken zonder constant bezig te zijn met wat je collega's ervan zullen vinden en of het wel goed genoeg is.[70]

Een extra tip komt van de vader van Tiger Woods. In het geval van een moeilijke handeling waarbij ook druk vanuit buitenaf meespeelt, zoals een golfslag voor een groot publiek, maar bijvoorbeeld ook bij een toets of presentatie, helpt het om een *standard operating procedure* (zoals ze dit in het leger noemen) te hanteren. Door je handeling elke keer op eenzelfde manier aan te vangen, focus je op de procedure en minder op de gedachten in je hoofd.[71]

In een staat van flow komen is eenvoudiger dan je denkt. Net als bij de raketvlucht zijn die eerste vijftien minuten om van start te gaan, om te beginnen met focussen op je project of taak, het zwaarst. Als je die eenmaal hebt doorstaan, is de kans vele malen groter dat je door kunt pakken.

Het voelt zelfs alsof je tijdens het focussen meer energie krijgt. Als je die extra energie weer omzet in verhoogde focus vlieg je richting flow.

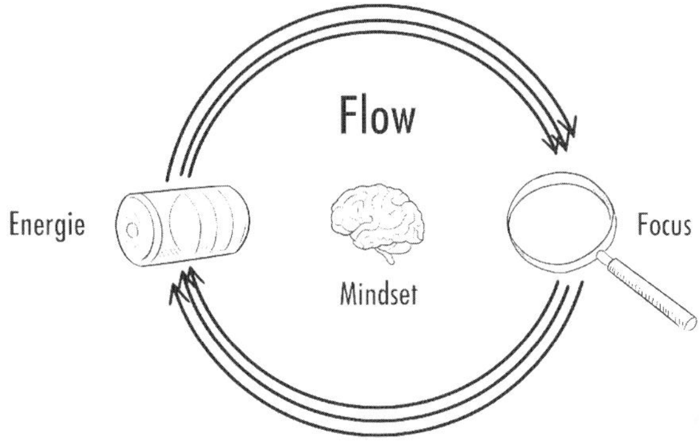

De uitdaging komt in de vorm van je monkey mind. Die was even uitgetuned omdat hij zich vaak niet kan interesseren voor het cognitieve werk van de professor. Maar door die extra energie komt hij weer tot leven. Onproductieve gedachten spelen op. Een ander project, een telefoontje, de boodschappen, het maakt niet uit, je raakt afgeleid.

Gelukkig kun je daar wat aan doen: door het trainen van je professor. Dit kan aan de hand van de meest succesvolle technieken uit ons Rechargeprogramma. Maar eerst rekenen we af met de grootste uitdaging van onze focus. Een van de zaken die ons continu energie kost en afleidt.

Let op! Het zou goed kunnen dat jij de omschrijving van het concept flow leest en dit linkt aan hoe je je voelt als je op social media zit. Dat kan goed kloppen. Veel social media worden namelijk ontwikkeld om jou in die staat van flow te krijgen. Voor je het weet is er een half uur om, omdat je zo opgaat in alles wat je ziet. Er is een dunne scheidslijn tussen gezonde, productieve flow en een ongezonde staat die negatieve gevolgen kan hebben voor je mentale gezondheid.[72] Wees je dus bewust van de manier waarop jij flow inzet in je dagelijks leven!

Ik sprak hier focusexpert Mark Tigchelaar over. Hij bracht vijf boeken uit over effectiever werken en zijn nieuwste boek *Focus AAN/UIT* is inmiddels een regelrechte bestseller. Op de vraag wat focus precies is, vertelt hij het volgende: "Slechts 0,0003 procent van de prikkels die ons brein opvangt, stuurt het door naar ons bewustzijn. Dat is focus. Je kunt ons brein zien als een gigantische selectietool. Het maakt continu de afweging of de prikkel die nu je hoofd binnenkomt, belangrijker is dan de taak die je aan het doen bent. Dit filteren is, met alle afleidingen om ons heen, een grote opgave. Denk aan de rumoerigheid van de kantoortuin, mail die binnenkomt en je telefoon die overgaat. Tel daar je interne afleidingen bij op, dan ben je vrijwel non-stop afgeleid."

Maar er is een absolute winnaar op het gebied van afleiding. Nagenoeg iedereen doet het, ondanks het feit dat we inmiddels weten dat het een negatief effect heeft op onze prestaties en het onnodig veel energie kost. Waarover we het hebben? Multitasken.[73] Of beter gezegd: *switchtasken*, zoals Tigchelaar het ook wel noemt.[74]

Focuskillers

Multitasken

Het is volgens de focusexpert één van de grootste misvattingen dat we als mens niet kunnen multitasken. Dat kunnen we wél – mits de taken aanspraak maken op een ander deel van je brein. "Het belangrijkste verschil tussen multitasken en switchtasken is of de taak die we naast de hoofdtaak doen bewuste aandacht vraagt," zegt hij.

Doen we twee eenvoudige taken tegelijkertijd, dan is dit volgens Tigchelaar multitasken. Zo kun je bijvoorbeeld prima lezen met rustgevende muziek op de achtergrond. Of praten en borrelen tegelijk (als je niet te veel drinkt tenminste). Een deel van die activiteiten vindt namelijk plaats in je onderbewuste. Maar, zoals het voorbeeld dat hij vaak aanhaalt: wil jij je auto achteruit inparkeren, dan gaat vaak de muziek uit. Je hebt dan je volledige aandacht nodig, anders ga je switchtasken.

Switchtasken

Switchtasken betekent dat je bewust wisselt tussen twee verschillende taken. Wanneer je een meeting hebt en tegelijkertijd je mail probeert te doen, maak je gelijktijdig aanspraak op hetzelfde gedeelte van je brein. Op het gedeelte dat verantwoordelijk is voor informatieverwerking. Hierdoor is het lastiger om te focussen. En dát maakt je minder productief. "Een simpele vuistregel: Als je doorhebt dat je twee dingen aan het doen bent, dan ben je aan het switchtasken. Heb je niet door dat je twee dingen aan het doen bent, dan ben je aan het multitasken," aldus Tigchelaar.

Volgens een onderzoek van de University of California switchtasken we gemiddeld 48 keer per dag van taak of project.[75] Wanneer je achter de computer werkt, wissel je zelfs gemiddeld 566 keer per dag.[76] Op een achturige werkdag is dit dus eens in de vijftig seconden.

De grootste uitdaging van het schrijven van een boek? Je bent druk aan het schrijven en je wilt iets uitzoeken op internet. Van het ene onderzoek rol je in het ander, ondertussen word je afgeleid door een advertentie en voor je het weet heb je snel even je inbox gecheckt en het laatste nieuws bekeken. Je kunt nu vast zelf wel invullen wat een enorme impact dit heeft op je focus en productiviteit. De gevolgen liegen er dan ook niet om. Meerdere studies hebben aangetoond dat switchtasken je productiviteit tot wel 40 procent vermindert en je IQ (tijdelijk) zelfs met 10 procent doet dalen.[77] Moleculair bioloog John Medina concludeerde dat het 50 procent langer duurt om een taak af te ronden wanneer je jezelf schuldig maakt aan switchtasken.[78] En niet in de laatste plaats: het is ook nog eens heel stressvol.[79]

We krijgen het dus steeds drukker, we werken minder efficiënt en het levert ons nog meer stress op. Hoe moet het dan wel?

De weg naar flow

Singletasken

Veel mensen denken dat timemanagement de oplossing is om meer gedaan te krijgen in minder tijd. Singletasken draait echter niet om je tijd 'slimmer' indelen, maar om jezelf met meer focus en bewustzijn op bepaalde taken te richten. Geen timemanagement dus, maar focusmanagement.

Singletasking zorgt ervoor dat je, door jezelf te focussen op één ding, sneller in de flow komt. Visualiseer je future state. Bedenk welke keuzes je daarvoor moet maken en zorg dat je energie, en daarmee je wilskracht, optimaal is om je aan die keuzes te houden. Flow gaat je helpen om dat sneller en beter voor elkaar te krijgen.

Begin de dag met jouw belangrijkste taak

Soms heb je op een dag zoveel verschillende dingen aan je hoofd en lopen er zoveel zaken door elkaar heen, dat je je aan het einde van de dag helemaal niet voldaan voelt. Eerder opgejaagd omdat je na een drukke dag voor je gevoel nog steeds achter de feiten aanhobbelt. Herkenbaar? Om meer focus te creëren is het daarom goed om te bedenken welke taak jij echt gedaan wilt hebben. Begin daar als eerste aan. Het liefst nog voordat je je mail opent. Al werk je er maar een uur aan, dan nog zal het een gevoel van trots en energie opleveren voor de rest van de dag.

Prioriteiten stellen

In het boek *The 4-Hour Workweek* breekt lifehacker Timothy Ferriss een lans voor het stellen van prioriteiten.[80] En terecht, want dit is exact wat een hoop stress kan voorkomen. Wie geen prioriteiten stelt, is bezig met dingen die veel tijd opslurpen en die tegelijkertijd weinig opleveren en dus niet belangrijk zijn. Ferriss zegt: "Druk zijn is een vorm van luiheid. Het is gedrag waar vaak niet goed over na is gedacht, een teken van een luie manier van denken. Je productiviteit zal omhoogschieten en de stress zal verlagen op het moment dat jij je op de hoofdzaken richt. Gebrek aan tijd is een gebrek aan prioriteit."

De manier om je op de hoofdzaken te richten, is het opstellen van een prioriteitenlijst. Maak aan het eind van elke dag een lijst van de belangrijkste dingen die je de volgende dag wilt doen. Zorg ervoor dat je nooit de dag begint zonder een duidelijk plan. Een belangrijk extra voordeel van de prioriteitenlijst is dat die een zorg wegneemt: je hoeft niet meer te denken aan alles wat je nog moet doen, want dat heb je al opgeschreven. Je weet daarmee ook wat je niet gaat doen en dat geeft rust.

Als er iets door je hoofd schiet wat je zou willen of moeten doen: zet het op de prioriteitenlijst voor de volgende dag. Of leg pen en papier naast je bed. Als je 's nachts wakker wordt met een to do voor de volgende dag, schrijf je die meteen op. Het blijft dan niet meer door je hoofd spoken en je kunt zorgeloos weer verder slapen.

Focusblokken

Hard werken is niet hetzelfde als veel gedaan krijgen. Soms denken we dat we machines zijn: hoe meer uren we werken, des te meer we produceren. In de praktijk gaat dit niet op. Integendeel. Werk je langer door, dan word je met het uur minder productief.[81] Bovendien zijn we, zoals je al las, eerder geneigd om kleine urgente zaken af te vinken van onze to-dolijst dan grote dingen op te pakken die langer duren. Daardoor blijven de grote, belangrijke, maar misschien minder urgente, taken liggen. De Amerikaanse president Eisenhower ontwierp daarvoor het volgende model:[82]

Het zijn juist die grote en belangrijke taken die je aan het einde van de dag het grootste gevoel van voldoening geven. Focusblokken kunnen je helpen om dit voor elkaar te krijgen.

Als we kijken naar de sport en dan vooral naar hoe sporters trainen, dan gaat dat altijd in blokken. Een blok intensief sporten. Of dat nou 45 minuten is of anderhalf uur. Of dat nou een technische training is of conditietraining, de sporter is met de training bezig. Die zie je niet tussendoor even zijn telefoon bekijken of een mailtje beantwoorden. Dat leidt enorm af, vertraagt en vermindert de prestatie. In je werk geldt hetzelfde.

Als je optimaal wilt presteren, moet je focus aanbrengen. Focusblokken helpen je om de meeste waarde uit je tijd te halen. Focusblokken zijn uren die je twee tot vier keer per dag voor jezelf inplant.

Tijdens de focusblokken richt je je telkens op één taak die veel energie kost en mentaal veel van je vraagt. Door jezelf af te sluiten van externe prikkels geef je jezelf een vrijbrief om volledig op te gaan in deze taak met als doel om die ultieme staat van effectiviteit en productiviteit te ervaren: flow. Focusblokken zijn dan ook geen vervelende uren. Je moet jezelf er wel even toe zetten, omdat het mentaal wat meer van je vraagt. Als je eenmaal op gang bent zijn het juist energieke uren waarin je harder kunt werken. Het zijn de uren waarbij je volledig in controle bent en die je uitzonderlijk veel voldoening geven. Zo kom je langzaamaan in die positieve spiraal omhoog.

Wees niet te streng voor jezelf: begin gewoon met een eerste blok. Het is een kwestie van realiseren hoeveel slimmer je werkt en dan oefenen om vaker en sneller in flow te komen.

Het is natuurlijk verstandig om je ingeplande focusblokken kenbaar te maken aan je omgeving. Sterker nog, er zijn steeds meer bedrijven waar ze er bewust voor kiezen om de focusblokken gezamenlijk in te plannen. Niet vanwege de sociale controle, maar omdat de kans groter is dat iedereen er de vruchten van plukt. Bovendien is de kans kleiner dat je binnen het focusblok wordt gespamd met vragen van je collega's.

Er zijn twee belangrijke zaken waar je rekening mee moet houden bij het inplannen van de focusblokken: optimalisatie en consistentie. Om met optimalisatie te beginnen: wees je ervan bewust wanneer je het productiefst bent. Denk even terug aan de interne energy flow uit het vorige hoofdstuk: wanneer is jouw energie optimaal? Het is op zijn zachtst gezegd ambitieus te noemen wanneer je om half 5 nog een focusblok inplant, terwijl je je eigenlijk al helemaal uitgeblust voelt.

Ervaar jij de meeste energie in de ochtend? Of ben jij juist net na de lunch op je best? Dan is het verstandig om de blokken op deze momenten in te plannen voor optimale effectiviteit en productiviteit. Stel je doel, ga aan de slag en daarna: ontspan. Oftewel: doel – focus – recharge.

Daarnaast is consistentie belangrijk. Plan, voor zover mogelijk, de focusblokken in op vaste momenten. Consistentie creëert routine. Hierdoor verspil je zo min mogelijk energie aan het opstarten, waardoor je meer energie overhoudt voor je taak. Wellicht is de inhoud van je agenda te wisselend om elke dag vier vaste momenten te plannen, maar twee moet zeker lukken. Bijvoorbeeld tijdens de energiepiek aan het begin van de ochtend en na de lunch. Kiezen voor vaste momenten is overigens niet alleen fijn voor jezelf, maar ook voor je collega's. Zo wordt het voor hen uiteindelijk ook een gewoonte dat je elke dag (bijvoorbeeld) tussen 09.30 en 10.30 uur en tussen 13.00 en 14.00 uur 'offline' bent.

5 Stappen voor een effectief focusblok

1. Zorg voor een rustige omgeving, een opgeruimd bureau of werkplek. Zorg dat je zelf rustig bent (doe een ontspanningsoefening of ga eerst buiten wandelen). Zorg dat je mail, telefoon en collega's uitstaan en zet je wekker op 60 of 90 minuten.

2. Als je toch afgeleid wordt door gedachten, realiseer je dat je ze hebt en beloof jezelf dat je daar straks over na zal denken. Daag jezelf uit om in de flow te blijven. Al is het maar vijf minuten langer. Over vijf minuten ben je de afleiding namelijk alweer vergeten.

3. Toch een storende gedachte? Schrijf hem op, dan kun je er later op terugkomen. Dit werkt hetzelfde als met het opschrijven van de to do's die in je hoofd zitten.

4. Begin voordat je pauze neemt alvast aan je volgende taak. Al is het maar door de juiste documenten te openen. Sluit ook alvast je mailbox, Slack en Web Whatsapp. Zodra je weer begint, kun je direct aan de slag. Zo word je bij de start van je volgende blok niet afgeleid door een mailtje dat tijdens je pauze is binnengekomen. Het zijn dit soort simpele dingen waarmee je het aantal afleidingen minimaliseert.

5. Sluit je werk af na de vooraf afgesproken tijd en neem pauze. Ga naar buiten, pak iets lekkers of ga met iemand praten. Beloon jezelf. Sta stil bij wat je voor elkaar hebt gekregen. Dat hoeft niet te betekenen dat het resultaat meteen is wat je had verwacht. Ergens je volle aandacht voor hebben, is hoe dan ook al een stuk beter dan je door elke gedachte, e-mail en ping af laten leiden.

De kunst van nieuwe gewoontes aanleren

Je future state bepalen, je mindset optimaliseren, je energie managen en focusblokken inplannen. Leuk allemaal, maar hoe zorg je ervoor dat je dat je jouw goede voornemens ook daadwerkelijk volhoudt? Waarom is het zo lastig om nieuwe gewoontes aan te leren? Zelfs als we weten dat ze beter voor ons zijn? Ons leven wordt nu eenmaal gedomineerd door verleiding en afleiding. Als je slimmer wilt werken, vergt dat toewijding. Kiezen om je niet te laten verleiden en de afleiding te negeren. En niet één keer, maar consistent. Dit is misschien wel de grootste uitdaging die we in het dagelijks leven moeten aangaan: gedragsverandering. Er is gelukkig een aantal technieken die je daar sneller succesvoller in maken. Eenvoudige inzichten die helpen om je keuzes te verankeren. Het geheim zit 'm in het creëren van onbewuste gewoontes.

Het is door de wetenschap meermaals bevestigd: gewoontes helpen je om met minder energie en meer focus je doelen te verwezenlijken.[83] Gewoontes zijn rituelen en handelingen die je dagelijks doet. Die je inmiddels vaak hebt gedaan, waardoor ze onbewust zijn geworden.[84] De krachtigste gewoontes zijn kleine, simpele veranderingen die stap voor stap een positieve impact hebben op je leven. Dit zorgt er niet alleen voor dat het makkelijker is om vol te houden, maar maakt het creëren van nieuwe gewoontes ook leuk. Een nieuwe gewoonte betekent niet dat je per definitie iets moet laten of meer 'nee' zegt. Het kan juist betekenen dat je ergens voor gaat en meer 'ja' zegt.

Om nieuwe gewoontes aan te leren, moet je het gevecht aangaan met je onderbewuste. Veruit de meeste gewoontes zijn namelijk zo moeilijk te breken, omdat we ze al jaren onbewust in stand houden. Een *trigger* zorgt ervoor dat we onbewust het huidige gedrag laten zien. Binnen een fractie van een seconde. En daar worden we vaak ook voor beloond.

Veel mensen proberen hun gedrag te veranderen, puur door het te elimineren. Stoppen met roken of drinken door het simpelweg niet meer te doen. Degene die ooit zo cold turkey zijn gestopt, kunnen beamen dat dit een ondoenlijke klus is. Op het moment dat je namelijk de behoefte voelt opkomen, ga je die onderdrukken. Waardoor je er meer energie aan geeft. Het wordt dan nog moeilijker om je gedachten ervan af te houden. Ditzelfde geldt voor het continu door social media scrollen of de gewoonte om een klus telkens voor je uit schuiven. Je monkey mind heeft de keuze voor beloning op korte termijn al gemaakt voordat je je gerealiseerd hebt dat er een keuze was. Hierbij geldt dat hoe vermoeider je bent, hoe meer je op de automatische piloot functioneert. Des te moeilijker het is om jezelf een nieuwe gewoonte aan te leren.

Gedragsverandering gebeurt dan ook alleen bij een positieve ervaring of als een negatieve ervaring wordt voorkomen. En dan ook alleen als je het veranderde gedrag regelmatig herhaalt. En nog eens! Je future state helpt hierbij. Bedenk waar je heen wilt en waarom dat belangrijk is. Maak de juiste keuzes om daar te komen en zorg voor voldoende wilskracht (energie) om het vol te houden. Dat kan alleen maar als je fit bent. Vandaar dan ook mijn overtuiging dat vitaliteit en persoonlijke ontwikkeling hand in hand gaan.

Dus hoe ga je jezelf dan die nieuwe gewoontes aanleren? Hoe zorg je ervoor dat iets wel beklijft?

De Israëlische gedragsspecialist Nir Eyal kwam met een analyse die door menig techbedrijf is opgepakt om het gedrag van hun bezoekers in kaart te brengen.

Eyal beschreef vijf fasen van het gedrag.

1. Ten eerste is er altijd een trigger. Die kan intern of extern zijn. Bijvoorbeeld: ik heb trek of ik zie mensen eten.
2. Die trigger veroorzaakt een behoefte. Ik heb zin om iets te eten. Overigens hoeft dit helemaal geen echte behoefte te zijn. Het kan ook te maken hebben met verveling, stress, of met 'zien eten, doet eten'.
3. De volgende stap is onze reactie. De keuze om iets te doen aan de behoefte. We gaan iets te eten halen.
4. Die reactie wordt beloond. Het daadwerkelijke eten. We ervaren een gevoel van bevrediging.
5. Die beloning levert een emotie op. Hoe sneller die beloning volgt op de reactie, des te krachtiger die emotie eraan wordt gelinkt. Vandaar dat snelle suikers veel belonender zijn dan langzame (in eerste instantie dan).

Als je dus iets wilt veranderen, is het zaak al deze stappen onder de loep te nemen. Alleen dan kun je echt een verandering teweegbrengen. Het gaat niet om het simpelweg elimineren van een van de huidige stappen, maar om ze aan te passen.

Stel, je wilt elke ochtend het eerste uur je telefoon uit laten staan, omdat je dan rustiger je dag begint, met meer overzicht. De acties zouden dan als volgt kunnen zijn:

1. **De trigger elimineren.** Leg je telefoon in een andere kamer voordat je gaat slapen. Door niet de mogelijkheid te hebben om meteen naar je telefoon te grijpen, wordt het een stuk eenvoudiger om de verleiding te weerstaan.

2. **De behoefte anders invullen.** Wat is de reden dat jij normaal in de ochtend meteen je telefoon pakt? Koop een wekker om op tijd op te staan als je daar normaal altijd je telefoon voor gebruikt. Heb je meer behoefte aan het vermaak dat je telefoon biedt? Leg dan eens een tijdschrift naast je bed.

3. **Verander de actie van je reactie.** Als je toch meteen in de ochtend een extreme behoefte voelt om je telefoon te pakken, probeer het in elk geval nog even uit te stellen. Doe bijvoorbeeld eerst een paar elementen van je ochtendroutine voordat je toegeeft aan je behoefte.

4. **Beloon jezelf!** Probeer zo veel mogelijk te genieten van je nieuwe ervaring. Realiseer je dat het meer rust oplevert.

5. **Ervaar de positieve emotie na afloop.** Wees trots op jezelf. Neem even de tijd om daarvan te genieten. Complimenteer jezelf. Geloof het of niet, maar je hersenen zullen het als positief ervaren.

Je hoeft dus ook niet alle vijf acties in te zetten. Een eerste actie doorvoeren helpt je al bewust te worden en je gedrag bij te sturen. En zoals gezegd: blijf dit herhalen, herhalen, herhalen. Totdat het een automatisme is en je het doet zonder erover na te denken. Zorg er dan voor dat je het nog steeds af en toe bewust doet. Dat verlaagt de kans van terugval op de oude gewoonte.

Helpende habits

De wetenschapper van Stanford University Brian Fogg komt met een extra tip om het volhouden van nieuw gedrag makkelijker te maken. Hij adviseert om het gewenste gedrag op te delen in kleinere stukjes. En dan nog kleiner, totdat je minigewoonte hebt. Het gaat hierbij om het instellen van heel kleine en gemakkelijke veranderingen: *tiny habits*.[85] De kunst is om die vervolgens te koppelen aan een dagelijks ritueel.

Een voorbeeld: neem een glas water bij een kop koffie. Als je dit vaak genoeg doet, wordt het een gewoonte. Wat je hiermee traint, is niet het doen van de actie (het water drinken) maar het automatiseren van die actie (altijd bij een kop koffie).

Deze methode van gedragsverandering hangt daarmee sterk samen met de eerder genoemde trigger van Eyal. Als een bepaalde trigger zich voordoet, re-

ageer je met de door jou bedachte tiny habit. De truc is om veelvoorkomend, bestaand gedrag te gebruiken als trigger. Het format voor een tiny habit ziet er daarmee als volgt uit: 'Voor- of nadat ik [.....bestaande gewoonte], doe/ga ik [......nieuwe gewoonte].' Bedenk voor jezelf welke nieuwe gewoonte je zou willen proberen aan te leren aan de hand van dit format.
Interessant gedachtegoed dat hier naadloos op aansluit, is dat van auteur James Clear. Hij rekent voor dat als je probeert om jezelf dagelijks 1 procent te verbeteren, het effect binnen no time gigantisch kan zijn. Zijn theorie (en boek) *Atomic Habits* is in een grafiek glashelder weer te geven. Verbeter jezelf elke dag, al is het maar 1%.[86]

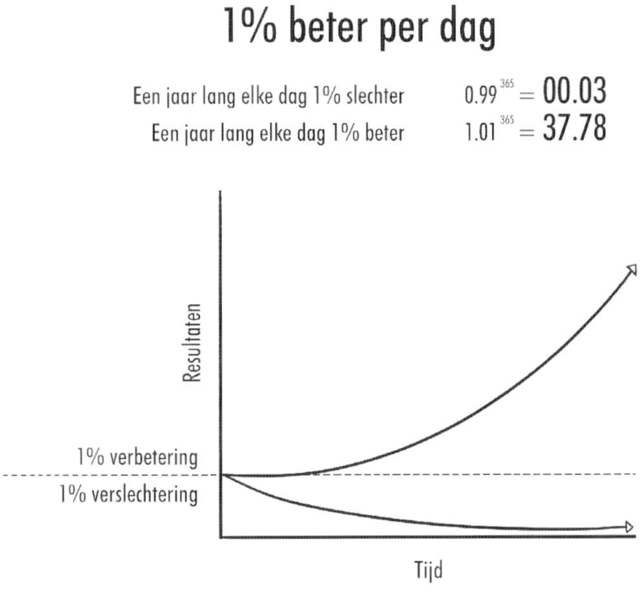

Dus ook als je een keertje overslaat, kun je daarna weer gewoon doorpakken. Volhouden dus!

Om te onthouden

- Focus helpt om de juiste dingen te laten groeien, onbelangrijke zaken links te laten liggen en je zo op het pad te houden richting je future state.
- Focus werkt als een raket: het kost veel energie om door de dampkring te komen (en je ertoe te zetten om te focussen), maar als je er eenmaal doorheen bent, lijkt alles vanzelf te gaan.
- Als je doorhebt dat je twee dingen aan het doen bent, dan ben je aan het switchtasken (wat niet werkt). Heb je niet door dat je twee dingen aan het doen bent, dan ben je aan het multitasken (en dat is positief).
- Het geheim van het volhouden van nieuwe gewoonten zit 'm in het creëren van acties die je oude gewoontes vervangen.
- Een methode die je kan helpen met het creëren van onbewuste gewoontes zijn tiny habits: voor- of nadat ik [.....bestaande gewoonte], doe/ga ik [......nieuwe gewoonte].

Inspiratie

- TED Talk: BJ Fogg – Forget big change, start with a tiny habit
- TED Talk: Mel Robbins – How to stop screwing yourself over
- TED Talk: Mihaly Csikszentmihalyi – Flow, the secret to happiness
- Boek: *Focus AAN/UIT*, Mark Tigchelaar en Oscar de Bos
- Boek: *Hooked*, Nir Eyal en Ryan Hoover
- Boek: *Atomic Habits*, James Clear
- Boek: *Het slimme onbewuste*, Ap Dijksterhuis
- App: Braintoss om eenvoudig herinneringen aan jezelf te sturen
- Test: Ben jij een maximizer of een satisficer?

Deze test en de overige linkjes zijn te vinden op www.worksmartplaysmart.nl

Aan de slag

Leer 'ja' zeggen tegen de juiste dingen

Een veelgehoord advies tegenwoordig is dat we met zijn allen meer 'nee' moeten zeggen. Hier zit natuurlijk iets in, maar je kunt je beter focussen op wat je wel wilt, op het positieve aspect. Als jij precies weet waar je je op wilt focussen en waarom, wil je daar juist 'ja' op zeggen. "*Where focus goes energy flows*," luidt dan ook de bekende boodschap van Tony Robbins. Wil jij je focussen op de dingen die jou dienen? De zaken die jou energie geven en vooruithelpen? Richt jezelf dan niet op alles waar je 'nee' op moet zeggen, maar juist op zaken waar je vanaf nu 'ja' op wilt en gaat zeggen. De kans op een positief resultaat is groter als je je richt op iets wat je zelf echt wilt, dan op iets negatiefs wat je wilt voorkomen. Alles wat je aandacht geeft groeit.

MOET.IK.DIT.NU.DOEN?

Een handige vraag om je te helpen bij het stellen van prioriteiten is: moet ik dit nu doen? Op deze vraag mag het antwoord wel vaker 'nee' zijn. Bijvoorbeeld wanneer je tussendoor weer een nieuw verzoek krijgt van een collega of klant. Stel jezelf op zulke momenten de volgende vraag, woord voor woord: Moet. Ik. Dit. Nu. Doen? Oftewel:
Moet – Ben ik dit écht verplicht te doen?
Ik – Of kan iemand anders het ook oppakken?
Dit – Of is er een andere, belangrijkere klus voor mij?
Nu – Of kan het ook straks?
Doen – Is er überhaupt een actie die moet worden ondernomen of ben je gewoon ergens in ge-cc'd?

Maak gebruik van de Wet van Parkinson

Volgens de Wet van Parkinson, vernoemd naar de Britse historicus die er voor het eerst over schreef, duurt een bepaalde taak (maar ook bijvoorbeeld een meeting) net zo lang als de hoeveelheid tijd die je ervoor uittrekt. Als je weet dat je een dagdeel kunt werken aan een taak, dan zal je dit benutten ook.[87] Dit hoeft natuurlijk niet verkeerd te zijn, maar kan wel je focus doen verslappen en je minder productief maken. Weet je namelijk dat je meer dan genoeg tijd hebt om die taak af te ronden, dan zul je sneller worden verleid door afleidingen. Je hebt toch de tijd. Zet daarom de Wet van Parkinson in jouw voordeel in. Trek precies zoveel tijd uit voor een taak als je nodig denkt te hebben. En misschien zelfs wat minder. Dit zal je brein direct op scherp stellen en je motiveren om met nog meer focus aan de slag te gaan. Bovendien, het gaat uitstelgedrag tegen! [88]

Gun jezelf een 'out of office'

Zet jij je 'out of office' of 'OOO' alleen aan wanneer je met vakantie bent? Een gemiste kans, want juist de continue stroom aan mails en ad-hocverzoeken zorgt ervoor dat je tijdens je werkdag steeds uit je concentratie wordt gehaald. Je wilt natuurlijk niet onbereikbaar zijn voor klanten of asociaal overkomen op collega's. Maar als jij in een belangrijke meeting zit, neem je toch ook je telefoon niet op? Waarom zou je dan wel je mail beantwoorden terwijl je wilt focussen? Gun jezelf dus zo nu en dan een 'out of office'-dag. Laat je mailende klanten en collega's weten dat je nu (even) niet bereikbaar bent. Zet je telefoon op vliegtuigstand. Zelfs je Whatsapp kan je op 'OOO' zetten. Na je focusblok/-dag zijn ze de eerste.

De vijfsecondenregel

"*You're never going to feel like it. Ever,*" is een confronterend, maar waarheidsgetrouw inzicht dat auteur en spreker Mel Robbins meegeeft over het behalen van doelen in haar populaire TED Talk. Zoals gezegd: jezelf een nieuwe gewoonte aanleren is simpel, maar niet makkelijk. Je bent zelf je eigen grootste saboteur. "Als je een impuls hebt om iets te doen, moet je binnen vijf seconden fysiek reageren, anders schiet je brein de impuls af," aldus Robbins. Volgens de auteur is de vijfsecondenregel dan ook de manier om je brein te hacken. Hoe het werkt? Vanaf het moment dat je een idee hebt of een voornemen – zeg, uit bed komen – tel je af vanaf vijf. 5, 4, 3, 2, 1. Bij 'nul' onderneem je de actie en sta je op. Hiermee leid je jouw monkey mind af. Door af te tellen geef je hem onbewust het gevoel dat er iets spannends staat te gebeuren.

My one thing

HOOFDSTUK 5

HOE RECHARGEN ONS SLIMMER MAAKT

WE WERKEN NIET TE HARD, WE ONTSPANNEN GEWOON TE WEINIG

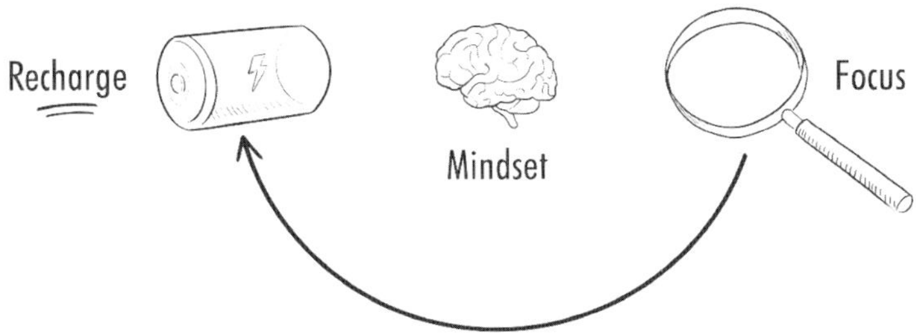

Waarom lijkt het af en toe dat sommige mensen die enorm succesvol zijn, haast niets doen? Maar duidelijk wel veel voor elkaar krijgen? Waarom zien de meest succesvolle mensen er vaak ook relaxed uit? Alsof ze alleen maar de dingen doen die ze leuk vinden? En wat kun jij daarvan leren?

In dit hoofdstuk gaan we kijken hoe je meer gedaan krijgt in minder tijd. Hoe je slimmer kunt werken door misschien juist minder te doen. En waarom de zesurige werkdag van Zweden nog best weleens de ideale oplossing zou kunnen zijn.

In de strijd om betere resultaten proberen bedrijven hun medewerkers steeds vaker bevlogen te krijgen.[89] Met grote missies en kernwaarden op de muur, skippyballen en tafelvoetbal op de werkvloer en smoothies bij de lunch zou je lekkerder in je vel zitten en (hopelijk) beter presteren. Werkgeluk zou vooral aan de arbeidsomstandigheden liggen. Dat is aan de ene kant een positieve ontwikkeling, maar daarmee ben je er nog niet. Al krijg je iedereen volledig bevlogen, dan nog lopen werknemers het risico zichzelf voorbij te lopen. Zelfs de meest gedreven werknemers kunnen zichzelf opbranden.[90] Of erger. Dit laat zich misschien wel het beste verwoorden in het verhaal van Tim.

Tim Bergling werd geboren op 8 september 1989 in Stockholm, Zweden. Een verlegen ventje van gelukkig getrouwde ouders met een rustig leven. In elk geval in zijn beginjaren. “Mijn leven speelde zich af in de zeven straten rond mijn huis,” zal hij later in een documentaire zeggen.[91] Net als andere millennials wordt hij al snel handig met internet. Dit blijkt zijn redding te zijn tijdens een van de familievakanties waarop de dan inmiddels puberende Tim zich kapot verveelt. Met online muziekbewerkingsprogramma's en dj-tools maakt hij bestaande nummers na. Als pure autodidact begint hij niet lang daarna zijn eigen muziekstijl te ontwikkelen.

Gedreven door zijn passie voor muziek en bevlogenheid om muziek te maken, plugt hij zijn nummers bij populaire blogs en grootheden in de dance scene. Zo ook bij de Nederlandse Lucas van Scheppingen, beter bekend als Laidback Luke. "Hij meldde zich op mijn forum," zei Van Scheppingen in een interview met *de Volkskrant*.[92] "Hij was echt zo'n typisch irritant jong dat elke scheet die hij produceerde aan me wilde laten horen." Aan ambitie geen gebrek bij de dan 18-jarige Bergling, die met een remix van de soundtrack van een oud Commodore 64-spelletje (Lazy Jones) zijn eerste track lanceert (*Lazy Lace*). Hij werkt non-stop door, en nog geen drie jaar later maakt hij zijn internationale doorbraak met de hit *Bromance*. Zijn artiestennaam ontstaat toevalligerwijs. Als hij een MySpaceaccount probeert te openen, blijken zijn eigen naam en alle varianten daarop reeds bezet. Hij herinnert zich de term die een vriend van hem gebruikte. Maar ook deze vertaling van de 'Boeddhistische hel' blijkt al bezet. Volledig gefrustreerd na inmiddels zestig pogingen voegt hij simpelweg een 'i' toe aan de term, en die blijkt nog wel beschikbaar. Zo ontstaat zijn artiestennaam Avicii.

Avicii werkt hard, dag en nacht. Dat werken wordt beloond. Nog voor zijn 25ste heeft hij meerdere internationale hits op zijn naam, behaalt hij meermalen de top 10 van de DJ Top100, is hij meervoudig miljonair en werkt hij samen met alle grote namen uit de dance en pop, onder wie Tiësto, Madonna en zijn eerder genoemde held Laidback Luke.

Die laatste waarschuwt hem al in 2014. "Ik heb anderhalf jaar met hem gewerkt. Nu hoor ik niets meer van hem. Ik zie het misgaan. Hij heeft de verkeerde mensen om zich heen, mensen die hem uitbuiten, hem veel te hard laten werken om zelf binnen te kunnen lopen. Hij is een marionet geworden, hij wordt geleefd. Ik probeer hem te bereiken, hem te waarschuwen, maar ik kom er niet meer doorheen. Zo jammer, want geloof me: het is een schat van een jongen."

Van Scheppingen weet waar hij het over heeft. Ook hij heeft eerder de gevolgen van het harde werken en de hoge stress die het artiestenleven met zich meebrengt ervaren. "Ik werd een slechte vader, altijd chagrijnig, heel prikkelbaar. Het ging bergafwaarts. Mijn dj-sets gingen achteruit. En ik stortte in," vertelt hij in een interview.[93] Hij wordt uiteindelijk twee keer door een burn-out gevloerd.

Niet veel later breken het harde werken, de hoge stress en ongezonde leefstijl Bergling inderdaad op. In 2013 belandt hij in het ziekenhuis vanwege een alvleesklierontsteking. Daarna besluit hij te stoppen met drinken, maar dit mag de gezondheid van 's werelds meest besproken dj niet baten. Het harde werken, het vele touren en de bijbehorende stress van het continu in de schijnwerpers staan worden de Zweed uiteindelijk noodlottig. De werkdruk werkt steeds meer depressies in de hand en wordt hem in elk opzicht te veel. De verwijzing van zijn artiestennaam blijkt zich in zijn eigen leven gemanifesteerd te hebben. De hel van de werkdruk, het aanzien en een leven in de schijnwerpers waar hij als introvert helemaal niet voor geboren is, nekken hem. Op 20 april 2018 berooft Tim Bergling zichzelf van het leven. 'Hij kon niet meer doorgaan en was op zoek naar vrede,' schreef de familie. 'De persoon die je bent en je muziek zullen je herinnering levend houden.'[94]

Avicii's verhaal mag dan misschien uniek zijn, toch staat het niet op zich als het aankomt op het harde werken en de (levensbedreigende) effecten die dat kan hebben. In Japan is er zelfs een term voor: *karoshi*. Vrij vertaald: dood door overwerk.

Waar we in Nederland veel lezen over de gevolgen van stress en hoge werkdruk in de vorm van burn-outsymptomen en mensen die overspannen raken, is karoshi in het Oosten een wezenlijk risico. Chinese techbedrijven, bijvoorbeeld, zijn berucht om hun 996-mentaliteit. Werken van negen uur 's ochtends tot negen uur 's avonds, zes dagen per week. Zo ook bij Pinduoduo, een snelgroeiend Chinees e-commercebedrijf. In *de Volkskrant* valt te lezen hoe een van Pinduoduo's werknemers, de 23-jarige Zhang Runfei, om half twee 's nachts na het werk naar huis loopt met een collega.[95] Halverwege stort ze in elkaar. Een uur later overlijdt ze in het ziekenhuis.

Op social media wordt direct de link gelegd met Pinduoduo's extreme werktijden. De 996-mentaliteit lijkt hier zelfs nog voor softies. Sterker nog, het is uiteindelijk de botte reactie van Pinduoduo die spreekt voor de bizarre werkmentaliteit in China: 'Kijk naar de onderklasse,' schrijft het bedrijf. 'Wie ruilt zijn leven niet in voor geld? Dit is het tijdperk van hard werken. Je kunt kiezen voor een makkelijk leven, maar dan moet je de gevolgen dragen.'

Buiten het feit – geen fabel! – dat deze situatie natuurlijk volledig absurd is, is het ook nog eens heel dom en letterlijk onproductief – ook een feit. Hard werken loont maar tot zekere hoogte. Sterker nog: China blijkt een van de meest onproductieve landen te zijn als het gaat om de verhouding tussen productiviteit en gewerkte uren.[96]

Recent onderzoek van Stanford University toont aan dat langer werken niet tot hogere productiviteit leidt. De onderzoekers lieten twee groepen hetzelfde werk doen. De ene groep werkte veertig uur per week, de andere groep zestig. Na de eerste week had de tweede groep logischerwijs meer werk voor elkaar gekregen. Maar in de tweede week nam die voorsprong al af. Het zestiguurteam raakte vermoeid, begon fouten te maken en werkte domweg langzamer. Dat werd in de loop van de weken alleen maar erger.[97] Uiteraard hangt het aantal optimaal te werken uren nogal af van het soort werk. De kans is groot dat jij veel met je hoofd moet werken. Dat je afhankelijk bent van je professor. Zoals we eerder al zagen kost dat gemiddeld meer energie. Onderzoek toont dan ook aan dat meer dan 5 à 6 uur werken per dag eigenlijk niet effectief meer is.[98] Oftewel, maximaal 4 focusblokken van maximaal 90 minuten of 5 van een ongeveer een uur.

Overigens doen we het in Nederland zo slecht nog niet. Wij werken gemiddeld 31 uur per week, in China 44,7 uur.[99] De vraag is alleen wie productiever is. In het geboorteland van Avicii hebben ze hier uitgebreid onderzoek naar gedaan.[100] De Zweden constateerden dat een 6-urige werkdag kostbaar was, maar wel bevorderlijk voor de mentale veerkracht van de medewerkers, hun werktevredenheid en hun algehele welzijn. Bovendien bleken de deelnemers aan het onderzoek productiever en klantgerichter.[101] En dat levert waarschijnlijk op de lange termijn toch meer op.

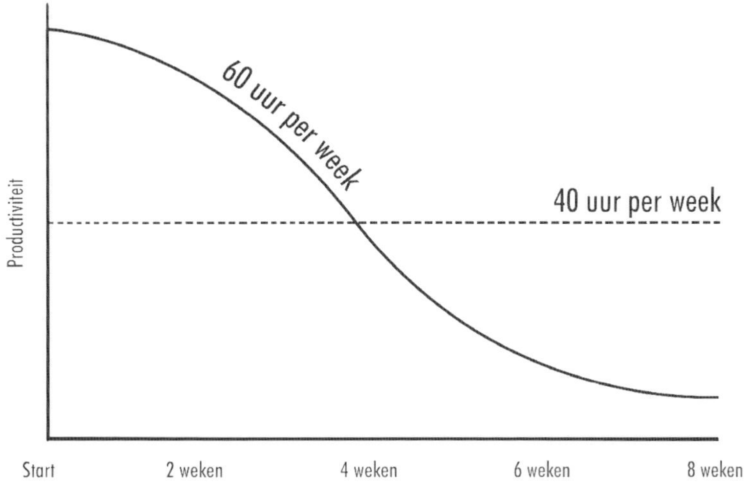

Bewijs te over dus om niet non-stop door te werken. We werken niet te hard, we rechargen gewoon te weinig. Een keer een week zestig uur keihard doorwerken kan echt geen kwaad. Zolang je daarna maar je rust pakt. En dat vergeten we steeds meer.

Velen proberen alle ballen hoog te houden. Dit werd helemaal zichtbaar tijdens de lockdown. De werkdruk lag al hoog, maar die werd nu nog verergerd door de zorg voor de kinderen. Mensen waren onzeker over hun werk of hun gezondheid, kregen een nieuwe werkplek en moesten wennen aan een veranderende maatschappij. Toch pakten de meeste mensen door. Vanuit de monkey mind was het motto: gewoon een tandje erbij. Het lijkt erop dat we, naarmate de werkdruk toeneemt, steeds harder gaan werken. En daar steeds minder bij gaan nadenken. We nemen minder pauzes en gaan maar door. En met 'succes'. Voor ons gevoel lukt het toch telkens allemaal net weer! Als ik training geef in het Engels is daar een passende term voor: *achievers*. Als je dit echter naar het Nederlands vertaalt, kom je al snel op uitslovers.

Tijd heb je niet, tijd maak je

Achievers geloven dat hun succes wordt gemeten aan hoe hard ze werken. Maar hard werken zegt niet dat je veel voor elkaar krijgt. Rust is juist essentieel om kansen te zien. Rust is echter niet iets wat door de wereld wordt gegeven. Zeker niet in een maatschappij waarbij de achieversmindset ingesleten zit in de kantoortuin. Hierdoor voelen veel mensen zich snel schuldig op het moment dat ze wel rust pakken. Hun inbox en social media laten immers continu weten dat anderen wel aan het werk zijn. Het is makkelijker dan ooit om in de late uurtjes en in het weekend 'nog even je mail te checken'. Rust is dan ook geen gevolg van een afgevinkte to-dolijst. Geen beloning die gedwee op je wacht wanneer je voor de zoveelste week op rij overuren hebt gemaakt. Rust moet je nemen om je brein te laten groeien. We moeten rust weer gaan zien als het spelen van onze hersenen. Geef je hersenen de ruimte terwijl jij niets zit te doen. Dat is goed voor ze. Vergelijk het met een ouder en een kind. Als je als ouder er continu bovenop zit in de speeltuin, krijg je een heel gefrustreerd kind.[102]

Er is ook een andere manier om hogere werkdruk aan te pakken. Niet harder werken, maar slimmer. Zoals je inmiddels wel doorhebt, gaat rechargen over het managen van je interne energieflow. Dit is niet alleen van belang voor je lichaam na het bewegen, maar ook essentieel voor je hersenen na het werken. Focussen kost namelijk energie (omdat je professor al het werk doet). Een dag lang gefocust werken red je simpelweg niet zonder jezelf tussendoor op te laden. En niet met koffie, maar met rechargemomenten. Dit is volgens auteur Shawn Achor, een van de boegbeelden van de positieve psychologie, dan ook de kern van het leiden van een veerkrachtig leven.[103]

De heersende gedachte is dat werken en rust lijnrecht tegenover elkaar staan. In onze zoektocht naar nóg efficiënter en productiever werken, voelt ontspannen als tegenstrijdig. We zijn rust en ontspanning gaan zien als iets negatiefs ten opzichte van prestatie. Terwijl het juist de oplossing kan zijn om beter te presteren. Je gunt het jezelf alleen om te rusten wanneer je tijd 'over' hebt. Als je klaar bent. Maar dankzij onze inbox, social media en de beschikbare informatie zijn we nooit meer 'klaar'. Je zult jezelf moeten aanleren om hier vrede mee te hebben. Reid Hoffman, oprichter van onder andere LinkedIn en Paypal, vertelt in zijn podcast over de begindagen van Paypal.[104] Hij beschrijft hierin hoe ze het platform, inmiddels een van de grootste betalingsplatforms wereldwijd, aan het bouwen waren. Het aantal klanten nam exponentieel toe en uiteraard ging er van alles mis. Het team was alleen nog niet uitgerust op klantenservice. "Op een gegeven moment stonden al onze telefoons roodgloeiend," aldus Hoffman. "Allemaal klanten met kleine en grote klachten, die stuk voor stuk onze aandacht verdienden. We hadden de keuze om al die klachten netjes te beantwoorden, maar we wisten ook dat we dan nooit van de grond zouden komen. Zelfs grotere klachten moesten we voor nu links laten liggen. Puur om door te kunnen pakken met ons het platform." *Let fires burn*, zoals Hoffman het toepasselijk zegt. Ondanks dat ze nog lang niet klaar waren, gaf dit ze toch de ruimte om hun focus te behouden.

Je zult jezelf dus moeten aanleren om af te sluiten, rust te pakken juist voordat je klaar bent. Zo beaamt ook Alex Soojung Kim Pang, wetenschapper aan de universiteiten van Stanford en Oxford. Voor zijn boek *Rest* onderzocht Pang wat de invloed is van rust op onze prestaties.[105] Zijn bevindingen waren indrukwekkend: "Mensen die zo sterk van elkaar verschillen als schrijver Charles Dickens, wiskundige Henri Poincaré en filmregisseur Ingmar Bergman, die op zeer verschillende terreinen werkzaam waren, deelden een passie voor hun werk, een geweldige ambitie om te slagen en een bijna bovenmenselijk vermogen om zich te concentreren. Maar als je hun levens nauwkeurig bestudeert, zie je dat ze maar een paar uur per dag besteedden aan wat wij als hun belangrijkste werk zouden beschouwen. De rest van de dag maakten ze bergwandelingen, deden ze dutjes, gingen ze wandelen met vrienden of zaten ze gewoon na te denken. Met andere woorden: hun creativiteit en productiviteit waren niet het resultaat van eindeloze uren zwoegen. Hun bijzondere creatieve prestaties kwamen voort uit korte werktijden."[106]

Uiteraard, ze hadden in de tijd van Dickens nog geen televisie en in de tijd van Poincaré nog geen mobiel. Maar ze hadden wel andere vormen van informatieverschaffing. Geloof het of niet, *information overload* is van alle tijden. Koning Salomo, de schrijver van het derde Bijbelboek *Prediker* (derde eeuw v Chr.), waarschuwde al dat 'aan het schrijven van boeken geen einde komt'. Toen in de middeleeuwen de boekdrukkunst opkwam, spraken leerlingen al hun zorgen uit dat de hoeveelheid nieuwe informatie nooit te onthouden zou zijn. De 17de-eeuwse filosoof Denis Diderot voorspelde dat er een tijd zou komen waarin er zoveel geschreven zou zijn dat het doen van nieuw onderzoek sneller zou zijn dan het raadplegen van alle beschikbare bronnen.[107] Er komen inderdaad steeds meer mediakanalen bij, maar dat wil niet zeggen dat je overal bij hoeft te zijn. De kunst zit hem in de balans vinden tussen informatie opnemen (focussen) en die verwerken (rechargen).

Charles Dickens, Henri Poincaré en Ingmar Bergman zijn dan ook typische voorbeelden van performers. Performers zijn types die hun doel, hun future state, duidelijk voor ogen hebben en alleen werken wanneer ze weten dat ze een positieve bijdrage leveren aan dit doel, als hun energy flow optimaal is om te pieken. Performers werken niet gewoon hard, maar slim. Een principe dat lijnrecht tegenover de achiever staat. Om optimaal te kunnen performen, zul je dus ook moeten kunnen ontspannen.

Van krantenwijk naar multimiljonair

Ook als je kijkt naar Thomas Edison, die we eerder tegenkwamen, zie je duidelijk het verschil tussen een achiever en een performer. Edison heeft gedurende zijn leven een fortuin verdiend. Niet per se door extreem hard te werken, maar wel heel slim. Zo was hij lange tijd recordhouder van het grootste aantal octrooien toegekend aan een persoon (meer dan duizend).[108] Al deze uitvindingen deed hij overigens allemaal niet zelf. Hij kocht ze op en liet dan de octrooien op zijn eigen naam vastleggen. Als het betreffende product dan succesvol bleek te zijn, perfectioneerde hij het en nam hij het in productie. Hij verdiende er in totaal meer dan 100 miljoen dollar mee. Niet slecht voor iemand die op zijn twaalfde zijn schoolcarrière voor een krantenwijk verruilde.

Tijd voor vakantie!

Ben jij weleens bij je werkgever op het matje geroepen dat je die meegenomen vakantiedagen dit jaar écht moet opnemen voor ze komen te vervallen? Je bent niet de enige. We zijn inmiddels behoorlijk fanatiek geworden met het opsparen van vakantiedagen. Je denkt misschien dat je met je volgeplakte spaarkaart je toewijding en ambitie laat zien. In de praktijk komt het echter je prestaties allesbehalve ten goede. Wetenschappelijk onderzoek heeft zelfs aangetoond dat kortere, frequente vakanties zorgen voor meer rust en herstel dan vakanties enkel te beschouwen als grote, jaarlijkse evenementen.[109]

Ook blijkt het opnemen van vakantiedagen van belang om hartziektes te voorkomen. Zo toonde een Deense studie aan dat mensen die regelmatig vrij zijn, minder vaak een hartaanval krijgen en langer leven.[110] Ook als werkgever hoef je beslist niet in je handjes te knijpen als je personeel zijn vakantiedagen maar niet opneemt. Zulke dagen kostten Amerikaanse bedrijven in 2015 volgens een onderzoek van Oxford Economics in totaal 224 miljard dollar.[111] Uit ander onderzoek is gebleken dat slechts 17 procent van de werknemers die nooit tot zelden vakantiedagen opnemen tevreden is over zijn of haar werk. Degenen die regelmatig vrij namen, tonen 71 procent tevredenheid.[112]

Hoe heilzaam je vakantie precies is, hangt enorm af van de invulling ervan. Jessica de Bloom, psycholoog aan de universiteit van Tampere (Finland), doet al jaren onderzoek naar het effect van vakanties op ons fysieke en mentale welzijn. Samen met een team van wetenschappers ontdekte zij dat ons welzijn snel stijgt wanneer we met vakantie zijn, met een piek op de achtste dag bij een vakantie van twee weken. In de eerste werkweek ná de vakantie zijn we echter alweer snel terug bij af.[113] Het positieve effect blijkt moeilijk vast te houden. Wat De Bloom vond: mensen die tijdens hun vakantie actieve rust namen, waren niet alleen tijdens die weken fysiek en mentaal in een betere conditie, maar hielden dat gevoel na afloop ook langer vast. Wat is dan actieve rust precies?

Rechargemomenten

Geen pieken zonder dalen. Geen inspanning zonder ontspanning. Geen focus zonder recharge. Het is alleen aan jou waar je die momenten tussen de focusblokken door doorbrengt: in de irritatiezone of in de rechargezone?

Een wetenschapper die al decennia onderzoek doet op het gebied van rust is socioloog Sabine Sonnentag, verbonden aan de universiteit van Mannheim in Duitsland. Zij ontdekte dat de meeste werknemers geen rust nemen wanneer ze die nodig hebben, maar alleen wanneer ze zichzelf willen belonen, terwijl het nemen van actieve rust onmisbaar is voor het herstel en welzijn van de werknemers.[114] Haar werk is slechts een fractie van de stapel wetenschappelijke onderzoeken die onderstrepen dat rust van belang is voor mentaal en fysiek herstel. Dat je juist productiever en effectiever wordt wanneer je elke dag kiest voor bewuste, actieve rust.[115] Oftewel: voor rechargemomenten.

Zo heeft ander onderzoek aangetoond dat parkwandelingen rond lunchtijd gerelateerd zijn aan hogere concentratie, verminderde vermoeidheid en meer plezier op de werkvloer.[116] Ook ontspanningsoefeningen (zoals bijvoorbeeld meditatie of diepe ademhaling) blijken, volgens hetzelfde onderzoek, effectief. Die zorgen niet alleen voor een verhoogde concentratie en energie, maar zijn ook direct gerelateerd aan een lager spanningsniveau en minder vermoeidheid in de middag. Werknemers die in de pauze bewust kiezen om zichzelf helemaal los te koppelen van het werk, ervaren een hoger niveau van welzijn aan het einde van de werkdag. Oftewel: nog meer bewijs voor het belang van bewuste, actieve rust.[117] Zo is dan ook de populariteit van de pingpongtafel en het tafelvoetbal bij de nieuwe techbedrijven ontstaan! Work smart, play smart.

Ontspannen voor professionals

We noemden het al eerder: als je ontspant, doe het dan goed! Volgens de wetenschap wordt goede rust gekenmerkt door vier factoren:[118]

- Ontspanning

- Controle
- Uitdaging
- Onthechting

Ontspanning is de meest voor de hand liggende factor van deze vier. Rust wordt gekenmerkt door een plezierige activiteit die weinig inspanning van je vraagt. Je hebt niet het gevoel aan het werk te zijn en je kunt er makkelijk minuten, of uren, in opgaan.

Controle heeft betrekking op de mate waarin je autonomie ervaart. De eigen regie pakt. Bij krachtige rust bepaal jij hoe je je tijd indeelt, waar je je energie in stopt en waar je aandacht naar uitgaat. Het hebben van deze controle heeft niet alleen een positieve invloed op rust, het is evengoed op de werkvloer van grote invloed op het herstellend vermogen van werknemers.[119]

Uitdaging is nodig om rustperiodes inhoud te geven. Daarom valt een avondje Netflixen helaas niet onder de noemer 'herstellende rust'. Je laadt op van een activiteit waar je helemaal in opgaat en die je na afloop een voldaan gevoel geeft. Een gerecht koken van Ottolenghi kan al zo'n simpele activiteit zijn. De ellenlange ingrediëntenlijst stelt je namelijk voor een behoorlijke uitdaging, maar zorgt er tegelijkertijd voor dat je je helemaal in het koken kunt verliezen.

Onthechting is de laatste, en misschien wel de belangrijkste factor. Het vermogen om je werk van je af te zetten. Om je even volledig met andere dingen bezig te houden dan je werk.

Rechargemomenten in het kort:

- Rustmomenten die direct volgen na een focusblok;
- Variërend in lengte: jij bepaalt hoeveel tijd je (nodig) hebt;
- Kan alleen worden gedaan of samen met collega's;
- Zorg voor actieve rust: ontspanning, controle, uitdaging & onthechting van je werk.

Maar hoe kun je zo'n rechargemoment nu het beste invulling geven? Dat hangt helemaal samen met waar jij energie van krijgt. Om je een steuntje in de rug te geven gaan we nog iets dieper in op onze best bewezen rechargemomenten.

Slimmer bewegen

Misschien herken je zelf ook wel dat gevoel als je 's avonds thuiskomt na een lange dag werken. Je zou eigenlijk nog naar de sportschool gaan. Je professor had dit aan jezelf beloofd, maar je monkey mind verleidt je om thuis op de bank te ploffen. Je hebt echt geen puf. Zou je toch gaan, dan weet je op voorhand dat je je na afloop een stuk fitter en energieker voelt. Terwijl het toch energie kost.

Beweging is een rechargemoment waar je absoluut niet zonder kunt. Stel je voor dat je na het opstaan meteen achter je bureau zou gaan zitten. Je begint direct met werken en ontbijt, luncht en dineert achter je bureau. Om vervolgens naar de bank te verplaatsen en vanaf de bank naar je bed. Met als enige beweging de looproutes tussen bureau, keuken, wc, bank en bed. Kun je je indenken hoe beroerd je je voelt na zo'n dag?

We weten allang dat sporten goed is voor onze fysieke gesteldheid. Zo verbetert sporten onder meer je uithoudingsvermogen, versterkt het de spieren, stimuleert het de bloedsomloop en gaat het overgewicht tegen. Wat we vaak vergeten, is dat we ons ook gewoon beter gaan voelen. Er is veel onderzoek dat aantoont dat beweging zorgt voor een verlaging van je stressniveau,[120] dat het je mentale weerbaarheid verhoogt[121] en je zelfvertrouwen vergroot.[122] Daarvoor hoef je echt geen uren te zwoegen. Zelfs een korte, gemiddeld intensieve wandeling geeft je energie en zorgt voor een beter humeur.[123] Volgens de Amerikaanse bond voor toegepaste sportpsychologie, de AASP, kan bewegen ervoor zorgen dat iemand in een positieve spiraal komt. Mensen die regelmatig bewegen, voelen als vanzelf de motivatie opkomen om opnieuw te bewegen en de voordelen hiervan te ervaren. Sporten wordt daarmee zelfs verslavend (op een gezonde manier).

Duitse onderzoekers stelden onder andere vast dat de hoeveelheid endorfine in de hersenen van mensen die net twee uur hadden hardgelopen flink was gestegen.[124] Endorfine, ook wel het gelukshormoon genoemd, heeft ook een pijnstillende werking. Vandaar dat hardlopers vaak lange afstanden kunnen afleggen. Ze komen daarmee in een soort positieve flow, ook wel bekend als de runner's high.

Wandelen om je brein te laten groeien

Niet alleen voor Terry Meyerson bleken wandelvergaderingen de uitkomst. Ook in andere creatieve en technologisch geavanceerde broedplaatsen als Silicon Valley zijn deze ontzettend populair. Er zijn daar tal van grote techbedrijven die een vorm van actieve rust als onderdeel van de dagelijkse bezigheden hebben omarmd. Voor het creatieve proces en ook voor het algemeen welzijn. Zo is de Mountain Viewcampus van Google doorweven met wandelpaden die veelvuldig door werknemers worden gebruikt om al wandelend te vergaderen. Het hoofdkwartier van Facebook heeft zelfs een tuindak van 3,5 hectare laten ontwerpen met een wandelpad voor haar werknemers. En het mooie aan wandelen, zo merkte iemand eens op, is dat de neuzen allemaal dezelfde kant op wijzen.

Waarom wandelen ze nu zoveel in Silicon Valley? Omdat we in principe per dag meer zitten dan gezond voor ons is. Zo zitten Nederlanders gemiddeld 8,5 uur per dag.[125] Dit vergroot niet alleen onze kans op hart- en vaatziekten, maar heeft ook een negatief effect op ons mentale welzijn. Simpel gezegd: zitten maakt lui. En vanuit luiheid ga je meer zitten. Zo kom je in een negatieve spiraal terecht, waar je eigenlijk helemaal niet in wilt – euh – zitten. Wandelen is de enige remedie zonder ellenlange lijst met bijwerkingen.[126] Wandelen maakt mensen scherp, alert, creatief en oplossingsgericht.[127]

"Op het moment dat mijn benen in beweging komen, komen mijn gedachten op gang." De 19de-eeuwse filosoof Henry David Thoreau loste blokkades in zijn denken op door te gaan wandelen. Sindsdien hebben wetenschappers vastgesteld dat bewegen effect heeft op de hersenen. Door te bewegen, verbeteren we de cognitieve functies. Als kinderen sporten, worden ze slimmer; door de beweging worden die gedeelten in de hersenen ontwikkeld die in direct verband staan met cognitieve controle.[128] Wie meer beweegt, verkleint het risico op dementie, blijkt uit wetenschappelijk onderzoek.[129] Ook voor volwassenen is het effect van bewegen op hun hersenen aantoonbaar. Mensen die een goede conditie hebben en de beweegnorm halen, hebben bewezen meer celgroei in de hippocampus, het gebied in de hersenen dat verantwoordelijk is voor leren en geheugen.[130]

Als je gaat bewegen, gaat je bloed sneller stromen. Daardoor wordt de binnenkant van je bloedvaten geprikkeld, waardoor er een stofje vrijkomt dat je vaten doet verwijden.[131] Hierdoor komt er ook meer bloed in je hersenen, en krijgen je hersenen een lading voeding en zuurstof. Daarnaast bevordert regelmatige beweging je geheugen (mits je voldoende uitrust). Je hebt al gelezen dat wanneer je beweegt er meer celgroei plaatsvindt in je brein en er hormonen vrijkomen in je hersenen, waaronder dopamine. Dopamine zorgt ervoor dat er eiwitten vrijkomen die je hersenen nodig hebben om herinneringen op te slaan in je kortetermijngeheugen en dat er connecties worden aangemaakt die nodig zijn voor je langetermijngeheugen.[132]

Mind fitness

Je brein kan je trainen, net als je spieren. Dat doe je het meest effectief met mind fitness. Mind fitness is de verzamelnaam voor alle zaken die helpen om je hersenen te groeien en ontspannen. Denk aan bijvoorbeeld aan mindfulness, meditatie en ademhalingsoefeningen. Mind fitness kan snel en is super effectief. De tijd dat dit zweverig was, ligt inmiddels ver achter ons. De wetenschap onderbouwt de kracht van mind fitness en ook ervaringsdeskundigen zijn fan. Van NBA-spelers tot de Navy Seals, maar daarover zo meer.[133] Eerst wat achtergrond.

Mindfulness

De moleculair bioloog Jon Kabat-Zinn was degene die de potentie zag van de meditaties van boeddhisten, vooral voor mensen met stressgerelateerde klachten en depressies. Veel van hun klachten kwamen voort uit de gewoonte om hun leven op een negatieve manier te benaderen. Als ze die negatieve gedachten zouden kunnen doorbreken, zou dit ze wellicht helpen, dacht Kabat-Zinn. Op basis van boeddhistische meditatietechnieken ontwikkelde hij het programma Mindfulness-Based Stress Reduction (MBSR), waarmee hij de basis legde voor mindfulness. Vooral mensen die leden aan depressies bleken erbij te zijn gebaat. Ze piekerden minder, maakten zich minder zorgen en hadden minder depressiesymptomen. Ook leverden studies het bewijs dat patiënten, na het volgen van een mindfulnesstraining, minder snel terugvielen in een depressie. Jon Kabat-Zinn ontdekte dat mindfulness bijdraagt aan een sneller herstel van ziektes en dat het uitbehandelde patiënten leert omgaan met chronische pijn en stress.[134] Zo bleek het onder andere uiterst effectief bij de vermindering van posttraumatische stressklachten bij mariniers.[135]

Mindfulness helpt je beseffen dat jouw gedachten niet altijd meewerken aan een positieve instelling. Als je een ruimte binnenloopt, kun je denken: wat zou iedereen hier van me vinden, heb ik zo wel iemand om mee te praten, dit wordt vast niks. Dan wordt het vaak ook niks. Wat je aandacht geeft, groeit. In negatieve zin, maar gelukkig ook in positieve zin. Zodra je je bewust bent van deze gedachten, kan je hem ook omdraaien. Je kunt namelijk ook denken: ik ben benieuwd wie ik hier ga ontmoeten. In het laatste geval sta je een stuk krachtiger in het leven en trek je ook positievere mensen aan. In andere woorden: mindfulness helpt met het ontwikkelen van een growth mindset.

Er zijn tal van momenten op de dag dat je mindfulness kunt oefenen. Hoe vaker je dit doet, des te handiger je erin wordt. Om te beginnen kun je jezelf de volgende twee vragen stellen.

1: Hoe voel ik me? Zonder iets aan het moment te willen veranderen, kijk je heel sec naar hoe jij je voelt, vanbinnen. Ben je gehaast, ontspannen, geïrriteerd, blij, boos? Wat je ook voelt, accepteer het. Alleen al door dit vast te stellen, ga jij je meer ontspannen.

2: Wat heb ik nodig? Even iets te eten of drinken, de computer dichtklappen of een muziekje opzetten. De kunst in het leven is om te leren genieten van de kleine dingen. Gun jezelf die ook, wees goed voor jezelf.

Stel jezelf deze vragen, het liefst op momenten dat je druk bezig bent of wanneer jij je gestrest voelt. Maar het kan ook tijdens een rechargemoment, je vijfminutenbreak na een uur werken.

Mediteren

Meditatie wordt tegenwoordig in alle lagen van de bevolking beoefend en ook in het bedrijfsleven ondervindt men er steeds vaker de voordelen van. Niemand kijkt meer vreemd op als een beroemdheid als Katy Perry of Bill Gates vertelt dat meditatie hem of haar helpt, of als de basketbalspelers uit de NBA samen mediteren voor een wedstrijd. Zelfs de medische en wetenschappelijke wereld benaderen meditatie als een serieuze manier om mentale en fysieke pijnen te verlichten.

De onderzoeksresultaten van mensen die mediteren liegen er niet om. Een bekend onderzoek werd gedaan door onderzoekers van de universiteit van Freiburg. Paul Grossman en zijn collega's besloten alle resultaten van meer dan zestig onderzoeken naar meditatie bij elkaar te voegen om te zien wat meditatie nu eigenlijk met je doet. Meditatie bleek goed te helpen bij een breed scala aan chronische ziektes en problemen. Het verbetert de manier waarop mensen met alledaagse en ernstige vormen van stress en problemen omgaan. De Duitse onderzoekers toonden bovendien aan dat depressie en angst afnemen bij mensen die mediteren, terwijl er daarnaast duidelijke verbeteringen optreden in hun fysieke welzijn: pijn, ziektes en fysieke ongemakken nemen af en kwaliteit van leven neemt toe.[136] De resultaten van dit soort onderzoeken zorgen ervoor dat mediteren snel aan populariteit wint. Sommige artsen raden hun patiënten meditatie aan, omdat het hun leven op zoveel verschillende manieren positief kan beïnvloeden. Zo lijken de eerste onderzoeken naar de effecten van meditatie op concentratie en bewustzijn erop te wijzen dat de positieve gevolgen van mediteren tot diep in het brein zijn terug te vinden.[137]

Een van de populairste trainingsprogramma's binnen Google? De vierdaagse mindfulnesstraining Search Inside Yourself. Tijdens dit binnen Google ontwikkelde programma behandelden we emotionele intelligentie, mindful leiderschap en de neurowetenschap die het onderbouwt. Verder werd er veel gemediteerd. Uiteindelijk steeg ook de vraag van buiten Google en zodoende is het programma na een paar jaar zelfstandig verder gegaan.

De belangrijkste voordelen die mensen rapporteren na meditatie:

Fysiek
De diepe ademhalingen, die de ruggengraat vormen van elke meditatieoefening, zorgen voor een verhoogd zuurstofgehalte in het bloed. Vermoeidheid, spanning in de spieren en cholesterolwaarden nemen af, terwijl het immuunsysteem, dat je lichaam tegen ziektes wapent, juist sterker wordt. Ook rapporteren mensen die mediteren dat ze meer energie hebben sinds ze met de oefeningen zijn begonnen. De fysieke voordelen zijn een onderdeel van waarom NBA-spelers zweren bij meditatie. Daarnaast helpt het hen om te gaan met de stress die gepaard gaat met de prestatiedruk in de sportwereld.[138]

Mentaal
Het is gemakkelijker om je te concentreren en je wordt creatiever. Je geest is 'in rust' en je hebt minder last van stress en angst. Deze veranderingen zijn permanent. Sommige mensen met ervaring in mediteren noemen het zelfs hun 'drugs', of 'de gezonde vervanging van alcohol'. Ook Bill Gates ziet de mentale voordelen als voornaamste reden om te mediteren. Toen hij trouwde, kinderen kreeg en bredere professionele interesses ontwikkelde, kon hij wel een extra steuntje in de rug gebruiken om zich toch te blijven focussen.[139]

Emotioneel
Minder irritatie, meer controle over emoties. Files, werkgerelateerde stress

en tijdsdruk glijden gemakkelijker van je af. Je plaatst bronnen van irritatie makkelijker in perspectief en geniet juist meer van de kleine, mooie momenten op een dag: de opkomende zon of de geur van gemaaid gras. Zangeres Katy Perry noemt dit dan ook als een van de grootste voordelen die mediteren haar heeft opgeleverd. Het is haar manier van omgaan met angstige en onrustige gevoelens.[140]

Spiritueel
Je ontwikkelt een groter bewustzijn en hebt het gevoel meer in contact te zijn met je eigen omgeving. Je stapt makkelijker over tegenslagen heen en laat het verleden gemakkelijker rusten. Daarnaast melden veel mensen dat hun intuïtie en compassie toenemen door meditatie.[141]

Waarschuwing: ondanks de vele bewezen voordelen is mediteren nog steeds niet makkelijk. Als je tijdens een meditatie je focus traint, train je eigenlijk je professor. Na negen maanden mindfulnessmeditaties was op MRI-scans te zien dat de prefrontale cortex, je professor, daadwerkelijk in formaat was toegenomen.[142] Maar net zoals het creëren en laten groeien van je biceps niet zomaar gaat, is dat bij je brein hetzelfde. Het vereist motivatie, wilskracht en vooral doorzettingsvermogen!

6 tips voor meditatie:

1. Loop niet meteen te hard van stapel, begin met korte periodes van bijvoorbeeld tien minuten.
2. Kies voor geleide meditaties, dat is gemakkelijker dan beginnen in volledige stilte.
3. Ga in een comfortabele houding zitten, op een kussen of een stoel. Je hoeft daarbij echt niet in de lotushouding te gaan zitten, zolang je maar niet onderuitzakt. Een actieve houding zorgt voor een actief brein.
4. Zorg dat je niet gestoord wordt (telefoon op stil, geen collega's, kinderen of huisdieren).

5. Wees niet te streng voor jezelf. Als je afdwaalt, ga dan niet zitten balen dat het niet lukt. Accepteer het gewoon en breng rustig je aandacht weer naar je ademhaling. Denk terug aan de atomic habits: elk procent beter draagt bij aan exponentiële verbetering.
6. Wil je al iets uitproberen? Mijn collega en mindfulnesstrainer Kyra heeft speciaal een serie van vijf dagen gemaakt voor jou als lezer van dit boek. Je vindt hem op www.worksmartplaysmart.nl

Ademhalingsoefening

Als ademhalen toch automatisch gaat via je monkey mind, waarom zou je dan oefeningen moeten doen? Door bewust te ademen, je professor aan het werk te zetten, activeer je niet alleen je hele brein, maar kun je ook je gemoedstoestand veranderen en zelfs je immuunsysteem verbeteren.

Onze ademhaling past zich in ons dagelijks leven continu aan onze persoonlijke situatie aan. Wanneer we ons inspannen, versnelt het ritme van onze ademhaling en geeft die ons energie – terwijl de ademhaling tijdens onze slaap vertraagt, wat voor ontspanning zorgt. Stress beïnvloedt onze ademhaling, jaagt deze op en benadeelt daarmee ons gevoel van welzijn. Als jij je ergens zorgen over maakt, schiet je ademhaling ter voorbereiding alvast in de volgende versnelling, terwijl je fysiek nog niks doet. Zo kun je zelfs relaxend op een strandbedje nog last hebben van een versnelde ademhaling als je alleen al denkt aan een stressvolle situatie. Overdag, wanneer je gefocust aan het werk bent, is vooral jouw sympathische zenuwstelsel (het gaspedaal van je lichaam) actief. Toch wil je om de zestig tot negentig minuten wel even je parasympathische zenuwstelsel (het rempedaal van je lichaam) activeren zodat je lichaam en hoofd kunnen ontspannen. Hierdoor kom je in de optimale cyclus van focus – recharge.

Maar wanneer je je door de toenemende werkdruk en constante prikkels om je heen bijna altijd in een staat van chronische stress bevindt, is het bewust activeren van jouw parasympathische zenuwstelsel nog niet zo vanzelfsprekend. Je zult dit zenuwstelsel dus een handje moeten helpen. Dit kun je doen met behulp van je ademhaling. De ademhaling is de enige functie van het autonome zenuwstelsel waarop wij zelf invloed kunnen uitoefenen. Door het doen van ademhalingsoefeningen kunnen wij onze hersenen helpen om over te schakelen van de *fight or flight*-modus naar de zogenoemde *rest and digest*-modus. Van focus naar recharge, waarin je lichaam in ontspanning is en herstelt. Door enkele keren per dag een ademhalingsoefening te doen, zorg je dat je telkens een kort uitstapje maakt naar deze modus.

Wist je dat er zelfs zoiets bestaat als e-mailapneu? Mensen die hun adem inhouden als ze een email openen, doorlezen of beantwoorden. Het schijnt dat zelfs 80 procent van de mensen hier last van heeft.[143] Bij je volgende mail maar eens op letten.

De Nederlander Wim Hof, de Ice Man, werd wereldberoemd dankzij zijn onderzoek naar koudwatertherapie. Door zijn ademhaling te reguleren en daarmee zijn mindset is hij in staat enorme kou te trotseren. De beelden waarop hij, voor de wetenschap, uren in een vat met ijswater zit, zijn de hele wereld overgegaan. Zijn methode wordt door vele specialisten nog steeds betwist, omdat die alle kennis die we tot nu toe hadden van het menselijk lichaam in twijfel trekt.[144]

Aardige bijkomstigheid: ik heb ontdekt dat de ademhaling die Wim Hof inzet om zichzelf klaar te maken voor een ijsbad ook van pas komt als je de avond ervoor net iets te enthousiast hebt doorgehaald met je vrienden. Noem het een ingebouwde antikateroplossing. Het proberen waard toch? Onze collega en gecertificeerd Wim Hof Methodetrainer Niek van Halteren legt je in een video uit hoe deze methode werkt. Je vindt de video terug op www.worksmartplaysmart.nl.

Maar het kan nog makkelijker

Vol jaloezie kunnen volwassenen soms naar kinderen kijken die geen besef lijken te hebben van tijd en gewoon een beetje aan het lummelen zijn. De kunst van het lummelen, of niksen, verleren de meeste mensen naarmate ze ouder worden. De Amerikaanse hoogleraar menswetenschappen Alan Lightman durft zelfs te stellen dat de drukke leefstijl die we nu hebben ons ontzettend veel kost. "Te weinig niksen levert schade op aan ons vermogen om na te denken, te fantaseren. We moeten inzien welke schade het toebrengt aan onze mentale staat en ons geestelijk welzijn. Die schade is subtieler dan de schade van zoiets als roken, maar misschien uiteindelijk wel net zo erg."[145] Dit beaamt ook psycholoog Sandi Mann die onderzoek deed naar dagdromen. Zij vond dat dagdromen ons creatiever maakt en ons beter in staat stelt om problemen op te lossen.[146]

Het advies van Lightman: elk kantoor zou een stilteruimte moeten hebben, waar iedere werknemer dagelijks dertig minuten zou moeten doorbrengen. Niet per se om te mediteren, het gaat vooral om het nemen van rust, om even te niksen. Door niets te doen, creëer je voor jezelf een omgeving waarin je hersenen zich kunnen voorbereiden op wat komen gaat. Verveling is namelijk de voorloper van *mind wandering*. Het moment dat je gedachten met je op de loop gaan. En dit is op zijn beurt goed voor je focus en creativiteit.[147] Door bijvoorbeeld voor een nieuwe afspraak even vijf minuten voor jezelf te pakken, even te landen, zul je direct merken dat je meer opgeladen bent en zo met meer focus en scherper die afspraak of pitch ingaat.

Gun het jezelf dus om telkens als je een afspraak hebt vijf minuten te vroeg te zijn. Om vervolgens helemaal niets te doen. Kijk vijf minuten lang niet op je telefoon, beantwoord geen e-mails en negeer zelfs dat telefoontje. Het zal wat ongemakkelijk voelen om een beetje om je heen te turen en misschien zelf wat onrust geven. Maar weet dat je het doet voor een goed doel. De weg van achiever naar performer!

Hetzelfde geldt trouwens voor na de afspraak. Laat de sessie eerst even rustig bezinken in plaats van meteen weer in je telefoon te duiken om te kijken wat je gemist hebt. Geloof me, die extra rust is goud waard. Ook zo geef je je hersenen meteen de mogelijkheid om te rechargen en sla je de inhoud van de meeting veel beter op. Die appjes wachten wel.

Een boost van dankbaarheid

Dankbaarheid is wetenschappelijk bewezen goed voor je gezondheid en gemoedstoestand.[148] Toch staat niet iedereen dagelijks op met de gedachte hoe fantastisch het leven wel niet is. Dit kan je ook niet echt kwalijk worden genomen. Zoals we eerder zagen, zit het nu eenmaal niet in je systeem om je direct te focussen op alle positieve dingen in je leven. Terwijl dit toch een eenvoudige en uiterst krachtige manier is om je geluksgevoel een boost te geven.[149] Er zijn genoeg wetenschappelijke onderzoeken gedaan die de kracht van dankbaarheid onderstrepen,[150] maar hoe doe je dat dan op een nuchtere manier? Hoe kun je af en toe even dankbaar zitten zijn, zonder dat het je veel tijd kost, maar je er wel de voordelen van ervaart? Het kan eigenlijk niet veel simpeler. Toen ik destijds bij de 100% Inspiratie Podcast van Thijs Lindhout te gast was, vroeg die of ik vooraf een overzicht wilde sturen van de momenten waar ik het meest trots op was. De eerste waren heel snel bedacht en ik had al snel een rijtje van tien situaties waar ik met veel plezier aan terugdenk. Maar het mooiste: de volgende dagen kwam er telkens wel weer iets naar boven dat een grote glimlach op mijn gezicht toverde. Uiteindelijk heb ik de lijst toch iets moeten inkorten, maar het positieve gevoel is nog dagen gebleven.

Ook in het geval van dankbaarheid kan je het Tiny Habitsprincipe van BJ Fogg hanteren. Hoe? Door dankbaarheid te zien als een vorm van mind fitness. Train je brein om makkelijker dankbaar te zijn. Beschouw dankbaarheid net zo vanzelfsprekend als tandenpoetsen. Of beter: koppel het aan je tandenpoetsen. Je hebt toch niet veel anders te doen op dat moment. Begin ’s avonds. Spreek met jezelf af dat iedere keer als je je tanden poetst, je een wedstrijdje met jezelf doet. Je probeert daarbij zoveel mogelijk dingen te benoemen waar je dankbaar voor bent. Tegen de tijd dat je na een paar dagen de eerste ronde hebt uitgespeeld en je op niets nieuws meer kunt komen, stap je over op zaken waar je die dag energie van hebt gekregen. Of die je blij hebben gemaakt.

Al die positiviteit aan het eind van de dag verbetert je nachtrust, verkleint de kans op hart- en vaatziekten en versterkt je veerkracht.[151] Bovendien houd je er zo nog een schoon gebit aan over ook. Nog meer om dankbaar voor te zijn.

Als je erachter komt dat je iemand dankbaar bent, laat het hem of haar dan ook weten. Dat hoeft niet veel te kosten. De kleinste attenties kunnen de grootste impact hebben. Niet alleen voor de ontvanger, maar ook voor de gever. Zo ontdekte onderzoeksbureau McKinsey dat complimenten meer motiveren dan geldelijke beloningen.[152] Werkgevers hebben hier een belangrijk aandeel in. Uit onderzoek van de Universiteit Maastricht en de Erasmus Universiteit blijkt dat wanneer de beste werknemer complimenten krijgt, andere collega's ook worden getriggerd om harder te gaan werken. Mensen willen ook die waardering voelen en spiegelen zich aan het beloonde gedrag. Met als gevolg dat op afdelingen waar werknemers voldoende gecomplimenteerd worden, de productiviteit met zeker 5 tot 7 procent omhooggaat.[153]

Kijk dus of je de mensen in je omgeving wat vaker kunt verrassen met aardigheidjes. Een bosje bloemen, een spontane fotokaart van een moment dat jullie samen gedeeld hebben of stuur ze dit boek op. In het volgende hoofdstuk zal je lezen hoe belangrijk je omgeving is voor jouw succes. Dan kun je ze maar beter bij voorbaat verwennen.

De koning onder de rechargemomenten

Je kunt nog zoveel trainen en zo gezond mogelijk eten, maar toch niet afvallen. Je kunt elke dag focusblokken afwisselen met rechargemomenten en toch niet goed presenteren. Er is een allesbepalende koning onder de rechargemomenten, het summum om te ontspannen, je brein te verbeteren en zelfs je fysiek te versterken.[154] En dat is slapen. Mits je het goed doet.

Slaap is een vorm van ontspanning die ernstig wordt onderschat. Kijk eens naar je agenda: plan jij je je slaap met net zoveel toewijding in als je dagelijkse to do's? Plan jij je slaap überhaupt in? Waarschijnlijk niet. Dat is eigenlijk best gek. Je plant immers ieder miniem detail van je dag: van conference call tot misschien zelfs wel het shoppen van een cadeau voor je moeder. Maar één van de meest invloedrijke zaken op je mentale en fysieke welzijn geef je geen plek in de heilige graal die je ook wel je digitale agenda noemt. Terwijl slaap een zeer grote invloed heeft op je productiviteit, je geluksgevoel, je succes en zelfs je sociale gedrag.[155]

Als werkgever zou je jezelf op z'n minst zorgen moeten maken om werknemers die regelmatig een nacht doorhalen. Allereerst omdat onderzoek heeft uitgewezen dat slaapgebrek de hippocampus (het hersengebied dat onder andere verantwoordelijk is voor navigeren, leren en onthouden) laat krimpen.[156] Uit ander wetenschappelijk onderzoek is gebleken dat na een week van krap zes uur slaap per nacht allerlei interne systemen verstoord raken die verband houden met stress en het bestrijden van ziekten. De systemen die juist een positieve rol spelen bij de aanmaak van nieuwe cellen en het herstelproces waren minder actief. [157]

Ook kost oververmoeidheid van je personeel enorm veel geld. Zo ontdekten wetenschappers dat verminderde productiviteit vanwege vermoeidheid werkgevers jaarlijks omgerekend zo'n 1750 euro per werknemer kost.[158] 'Uitgeputte werknemers kunnen niet alles geven, nemen minder initiatief, zijn cynischer en mogelijk zelfs bewust tegendraads,' schrijft Alex Pang dan ook in zijn boek *Rest*.[159] 'Burn-out treft meestal mensen die werkgevers het liefst niet missen: doorgaans de meest toegewijde, meest ervaren en meest capabele werknemers.' Laat dit je echter niet verleiden om als werknemer door te werken tot je burn-out bent alleen om je ambitie aan te tonen.

Het veranderen van je slaapformule heeft een grote impact op je productiviteit en effectiviteit. Begin eens met de uren die je voor je slaap nodig hebt, en vul hierna de rest van je dag in. Weet jij bijvoorbeeld van jezelf dat je minstens acht uur slaap nodig hebt om goed te kunnen functioneren en gaat je wekker elke dag om 07.00 uur? Terugtellend betekent dit dat je dan om 22.30 uur op bed moet liggen, in acht genomen dat je ook nog tijd nodig hebt om in slaap te vallen. Bij een gezond slaappatroon heb je hier tussen de vijf en de dertig minuten voor nodig.

De slaapcyclus

We komen er steeds meer achter dat slaap een belangrijke rol speelt in diverse lichaamsfuncties. Maar wat gebeurt er nu precies tijdens die uren in de nacht, wanneer we in onze dromen de wildste avonturen beleven? Ten eerste ontspannen je spieren en vertragen je ademhaling en hartslag. Als iemand slaapt, zien hersenonderzoekers veranderingen in de activiteit van de hersenen. Zo kunnen ze uit hersengolven aflezen in welke fase van de slaapcyclus iemand zich bevindt. Gemiddeld duurt een cyclus tussen de anderhalf en twee uur. Afhankelijk van de duur van je nachtrust doorloop je die cyclus een aantal keer. Tussendoor word je, vaak onbewust, even kort wakker. Als je echter veel aan je hoofd hebt, is de kans dat je bewust wakker wordt een stuk groter.

Elke slaapcyclus bestaat uit vijf fases:

1. De overgangsfase van waken naar slapen. Oogbewegingen worden langzamer, je hebt moeite je ogen open te houden en uiteindelijk val je in slaap. Deze fase duurt hooguit een paar minuten.

2. Je valt in een lichte slaap. Je wordt niet meer van elk geluid wakker, maar als je tijdens deze fase wordt gewekt, heb je nog niet het gevoel dat je diep hebt geslapen. Deze fase duurt zo'n veertig tot zestig minuten per cyclus. In een nacht breng je de helft van de tijd door in deze fase.

3. De overgangsfase naar diepe slaap. De ademhaling wordt regelmatig, de hartslag daalt en de spieren ontspannen. Deze fase duurt drie tot tien minuten per cyclus.

4. Diepe slaap. Deze fase zorgt voor fysiek herstel. Ademhaling en hartslag zijn op hun laagst. Als je uit deze slaap wordt gewekt, ben je gedesorienteerd en heb je tijd nodig om je te realiseren waar je bent. Ongeveer vijftien procent van de nacht zit je in deze fase van de cyclus (zo'n vijftien minuten per keer).

5. De remfase is de fase waarin je droomt. Rem staat voor *rapid eye movement*, omdat je hier snelle oogbewegingen maakt. De hersenen zijn actief informatie en herinneringen aan het verwerken. De spieren van je ledematen zijn totaal ontspannen, maar je hartslag en ademhaling zijn onregelmatig. Ook je bloeddruk stijgt tijdens deze fase. Ongeveer een kwart van je nachtrust, zo'n vijfentwintig minuten per cyclus, bevind je je in deze remslaap.

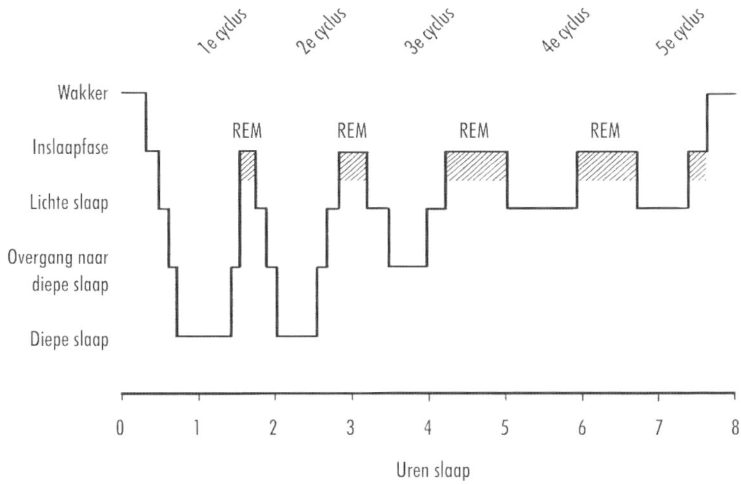

Een goede nachtrust blijkt cruciaal voor het geheugen. Een klein dutje na het leren van een rij woorden uit een vreemde taal zorgt er al voor dat het geleerde materiaal beter wordt opgeslagen.[160] Lekker slapen maakt dat jij je beter kunt concentreren, je geheugen verbetert, je meer energie hebt en je beter voelt. Voldoende redenen dus om slapen een belangrijk onderdeel te maken van je dag!

Dat kan zelfs tussendoor: de powernap. Ook dit is een rechargemoment dat je niet heel veel kostbare (werk)tijd hoeft te kosten. Een middagdutje van tien tot twintig minuten doet wonderen. Het verhoogt je alertheid en productiviteit en je laadt je batterij weer op. Zorg wel dat je niet langer slaapt, want dan voel je je juist minder fit.[161]

De tien belangrijkste tips om optimaal aan de nachtrust te beginnen.

1. Drink geen koffie of thee met cafeïne na 14.00 uur (veel zwarte thee bevat cafeïne). Drink voor het slapengaan een kop warme cafeïnevrije thee, bijvoorbeeld kruidenthee.[162]

2. Drink jij graag nog een wijntje 's avonds of voor het slapengaan om beter te slapen? Uit onderzoek is gebleken dat dit inderdaad helpt bij het inslapen en zorgt dat je de eerste helft van de nacht ononderbroken slaapt. De tweede helft van de nacht is het helaas slechter gesteld met je nachtrust, doordat de alcohol je remslaap verstoort.[163] Dit kan ervoor zorgen dat je al na een glas wijn, hoe lang je nacht ook was, toch verre van uitgerust wakker wordt. Drink daarom niet meer dan één glas alcohol in de vier uur voordat je naar bed gaat.

3. Een late stevige maaltijd doet geen goed. Als je voor het slapengaan nog iets wilt eten, kies dan voor iets licht verteerbaars als gesneden groente (wortels, selderij) of een kopje soep (zonder toevoegingen).

4. Zet tijdig je televisie, laptop en andere devices uit. Deze apparaten zorgen voor heel veel stimuli en al helemaal als je er nauw bij betrokken bent. Daarnaast breekt het licht van de beeldschermen de opbouw van melatonine af, het hormoon dat van invloed is op het slaap-waakritme. Gun jezelf een 'cooling down' voor het slapengaan.

5. Een warm bad of warme douche voordat je naar bed gaat, zorgt voor een toename van melatonine, waardoor je beter slaapt. De optimale watertemperatuur ligt rond de 37 °C en het ideale tijdstip is één tot twee uur voordat je naar bed gaat.[164]

6. Zorg dat je slaapkamer een goed slaapklimaat heeft. 16 tot 20 °C is de beste temperatuur.

7. In de slaapkamer moet je tot rust kunnen komen. Houd televisie, mobiel en andere devices daarom daar weg. Dit is ook gezonder in verband met straling van deze apparaten.

8. Zorg voor een glas water naast je bed, zodat je er niet uit hoeft als je dorst krijgt. Pen en papier zijn handig voor diegenen die in bed hun beste ideeën krijgen.

9. Doe voor het slapengaan een ontspanningssessie als meditatie, of een rustige stretch- of yogasessie. Dit helpt je om te ontspannen en je hoofd tot rust te brengen.

10. Kun je niet in de slaap komen? Doe dan de volgende ademhalingsoefening terwijl je in je bed ligt. Adem gedurende vier seconden in. Houd je adem zes seconden vast en blaas over acht seconden weer rustig uit. Blijf dit herhalen tot je volledig tot rust bent gekomen. Blijf in ieder geval niet oneindig draaien (en piekeren) als je niet kunt slapen. Pak een boek of ga er even uit en probeer het daarna opnieuw.

Om te onthouden

- Rechargen is ontspannen. En dat is van belang op verschillende manieren: door het nemen van vakanties, door voldoende te slapen en door het inplannen van rechargemomenten.
- Het opnemen van vakantiedagen is belangrijk voor je fysieke en je mentale gezondheid. Nooit vakantie nemen is geen teken van inzet, maar gewoon dom!
- Goede slaap is ontzettend belangrijk voor herstel van je lichaam en je brein. Na een week lang minder dan zes uur slapen per nacht worden er

al allerlei fysieke processen onderbroken die zorgen voor dit herstel.

- Rechargemomenten zijn bedoeld om de energie aan te vullen waar je tijdens de focusblokken aanspraak op hebt gemaakt.
- Het nemen van actieve rust is onmisbaar voor je herstel en welzijn. Goede rust wordt gekenmerkt door ontspanning, controle, uitdaging en onthechting.
- Hoe een rechargemoment er voor jou uitziet, hangt sterk samen met jouw persoonlijke voorkeuren. Waar krijg jij energie van?
- De beste rechargemomenten op een rijtje:
    - Bewegen
    - Mind fitness
    - Ademhalingsoefeningen
    - Niksen & lummelen
    - Dankbaarheid beoefenen
    - Muziek luisteren
    - Lezen
    - Slapen
- Play smart. Besef dat rechargen je productiviteit gaat verhogen en pak die momenten.

Inspiratie

- TED Talk: Matt Walker – Sleep is your superpower
- Boek: *Rest,* Alex Soojung-Kim Pang
- Boek: *Recharge in 7 dagen* (tijdelijk te downloaden als e-book via de link hieronder)
- Documentaire: *Avicii, True Stories*
- Muziek: Weightless van Marconi Union

Linkjes en meer informatie vind je op www.worksmartplaysmart.nl

Aan de slag

Plan je dag om je rechargemomenten heen

Je hebt in dit hoofdstuk gelezen hoe belangrijk het is om voldoende rechargemomenten te hebben gedurende de dag. Maar je weet waarschijnlijk zelf ook dat het in de waan van de dag vaak moeilijk is om deze pauzes te nemen. Onze tip is dan ook om deze momenten actief in te plannen. Kies een of twee vaste tijdstippen op je werkdag waarin je geen afspraken plant en altijd, wat je ook aan het doen bent, je laptop dichtklapt en prioriteit maakt van jouw rechargemoment!

Neem een huisdier

Ook (huis)dieren dragen bij aan meer recharge in je leven. Ze hebben een rustgevende werking op ons, zorgen voor gezelligheid en zijn bewezen goed voor onze gezondheid.[165] Bovendien hoef je ze zelfs niet eens in huis te hebben. Uit recent onderzoek is gebleken dat filmpjes kijken van schattige dieren ook al goed is voor je gezondheid.[166] De deelnemers aan dit onderzoek werd gevraagd om dertig minuten lang naar filmpjes van quokka's (de vrolijkste dieren op aarde) te kijken. Het resultaat: bij alle deelnemers waren de bloeddruk en hartslag aanzienlijk gedaald. Ook bleken de deelnemers minder stress en spanning te ervaren dan voor het kijken van de filmpjes.

Pak een boek

Lezen is een heel goed rechargemiddel. Zes minuten lezen kan genoeg zijn om het stressniveau met achtenzestig procent te doen verminderen.[167] Dit blijkt uit onderzoek van de universiteit van Sussex. Psychologen geven aan dat dit komt doordat lezers zich zo moeten concentreren dat hun hart en spieren ontspannen. Vandaar dat lezen voor het slapengaan dan ook de beste schermvervanger is. Grote kans dat je dat op dit moment al door hebt terwijl je nu aan het lezen bent.

Muziek luisteren

Een paar jaar geleden stond ik samen met neurowetenschapper Erik Scherder op het podium van de Vrije Universiteit in Amsterdam. Hij vertelde enthousiast over de werking van onze hersenen en ik over het belang van rechargen. We sloten gezamenlijk af met het positieve effect van muziek op onze hersenen.[168]

De vibraties van de geluidsgolven doen mensen goed. Veel studies tonen de heilzame werking aan van muziek op de mens. Niet alleen mensen gedijen er goed bij, ook planten en dieren zijn erbij gebaat. Er zijn studies waaruit blijkt dat planten sneller groeien in een ruimte waar muziek van Mozart wordt gespeeld.[169]

Even bewust luisteren naar muziek kan dus een heel goed rechargemoment zijn! Welke muziek je het beste kunt draaien, is voor iedereen persoonlijk. Uit een onderzoek door Britse stress specialisten bleek in ieder geval dat het nummer *Weightless* van de band Marconi Union het best helpt om te ontspannen. Een continu ritme van zestig beats per minuut zorgt ervoor dat je hersengolven en hartritme zich aanpassen aan het ritme.[170]

Erik en ik sloten het drie uur durende congres af met onze ode aan muziek. De kracht zag je meteen terug in de zaal. Ik zette *Het is een nacht* van Guus Meeuwis aan en nog voor de eerste zin voorbij was, was de hele zaal al opgestaan en stond iedereen uit volle borst en vol overgave, mee te zingen. Dit kleine rechargemomentje bracht alle energie na drie uur stilzitten weer in één klap terug.

Onderzoek wat jouw hobby's zijn

Vind je het moeilijk om effectieve rechargemomenten voor jezelf in te plannen? Weet je niet waar je nou eigenlijk energie van krijgt? Probeer dan eens een hobby op te pakken. Wat deed je als kind graag wat je nu eigenlijk helemaal niet meer doet? Wat ga je doen als jij op een zondagmiddag echt helemaal niets te doen hebt? Je vervelen is ook goed voor je brein, maar een hobby is wel leuker.

Freezlab

Een persoonlijke favoriet. Je kunt natuurlijk altijd een verfrissende duik nemen in de zee of in de vijver in het bos, maar als je het iets professioneler aan wilt pakken kun je ook naar Freezlab. Een vriescabine met een temperatuur van -110 graden Celsius waar je 3 minuten de kou staat te trotseren.

Slaaptips die je waarschijnlijk nog niet eerder hebt gehoord

- Kijk naar foto's van andere mensen die aan het slapen zijn. Dit zorgt ervoor dat je brein denkt dat je vermoeider bent dan dat je eigenlijk bent.
- Luister naar jouw favoriete (rustige) muziek voordat je gaat slapen. Dit zorgt er meteen ook voor dat je vrolijker opstaat de volgende dag.
- Heb je veel gegeten? Probeer dan in slaap te vallen op je linkerkant. Als je op je rechterzij ligt, heb je meer last van je volle maag.
- Knipper gedurende zestig seconden actief met je ogen. Vermoeide ogen zorgen ervoor dat je sneller in slaap valt.
- Vertraag je uitademing. Adem eerst vier seconden in, vier seconden uit. Vertraag de uitademing langzaam maar zeker tot deze twaalf seconden duurt. Je zult merken dat je steeds rustiger en slaperiger wordt.
- Word je wakker voordat je wekker afgaat? Sta dan meteen op! Door op dat moment weer te gaan slapen beland je in een nieuwe slaapcyclus, waardoor je de tweede keer dat je wakker wordt een stuk chagrijniger en vermoeider bent dan de eerste keer.
- Gebruik je bed alleen maar om te slapen (een uitzondering daargelaten). Daardoor snapt je brein meteen als je gaat liggen dat het tijd is om in slaap te vallen.

My one thing

HOOFDSTUK 6

HET LAATSTE PUZZELSTUKJE

DE REALISATIE DAT JIJ NIET LOS TE ZIEN BENT VAN JE OMGEVING

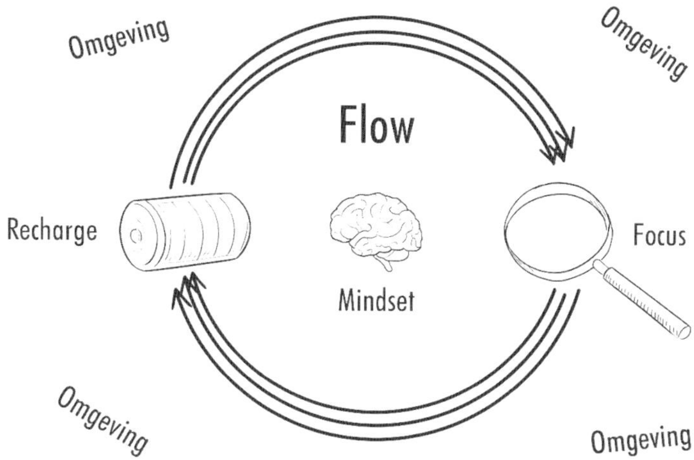

Er is nog een laatste onderdeel dat essentieel is om slimmer te gaan werken. Een onderdeel om meer uit je dag te halen en om lekkerder in je vel te zitten. Iedereen die weleens een dieet heeft gevolgd weet het. Iedereen die weleens in zijn eentje een jaarabonnement op de sportschool heeft aangeschaft herkent dit. Alles wat je alleen doet, levert vaak minder op. Het is niet voor niets dat mensen dure coaches en personal trainers inhuren. Niet alleen om ze te voorzien van de juiste adviezen en richting in hun leven, of carrière, maar ook ter motivatie. Denk aan het koud afdouchen, elke ochtend trainen, je blijven focussen op dat ene project, dat vergt iedere keer wilskracht. Die kun je maar ten dele zelf opbrengen. Als je omgeving je daarbij alleen maar afleidt, wordt het niets. Het is alleen aan jou om jouw omgeving hierin mee te nemen. Als je dat goed doet, zul je binnen no-time de voordelen hiervan ervaren.

Toen we in 2018 een trainingsprogramma aan het ontwikkelen waren voor de managers bij Nike stuitten we op het verhaal van coach Greg Popovich, beter bekend als Coach Pop. Pop was de hoofdcoach van het Amerikaanse basketbalteam de San Antonio Spurs. De Spurs klommen onder Popovich' begeleiding op van underdog in de competitie tot vijfvoudig kampioen.

Wat was het geheim van zijn succes? Hoe maakte hij van een team met vrij gemiddelde spelers het best presterende team in de hele National Basketball Association? En van de individuele spelers sterren?

Zijn aanpak was anders dan je zou verwachten. Hij stond niet bekend als de meest technische coach in de NBA. Hij was ook niet de meest ontspannen coach – in elk geval niet tijdens de wedstrijd. Hij staat zelfs bekend als de coach die het snelst is weggestuurd van het veld wegens een woede-uitbarsting.[171] Hij bouwde zijn team niet rond celebrityspelers (sterker: een van zijn eerste acties bij de Spurs was het ontslaan van de wereldberoemde Dennis Rodman) en hij zette zijn team niet onder enorme druk. Hij liet hen zelfs niet deelnemen aan een NBA-promotiewedstrijd, omdat hij vond dat ze uitgerust moesten zijn voor hun volgende wedstrijd. Dit werd niet gewaardeerd door de organisatie van de NBA en kwam hem zelfs op een boete van 250.000 dollar te staan.[172]

Ondanks zijn temperament langs het veld werd zijn aanpak binnen het team gekenmerkt door compassie, vertrouwen en kameraadschap. Hij is dan ook stellig overtuigd van het feit dat een team pas echt kan floreren als er ultiem vertrouwen heerst. Dat bereik je volgens Coach Pop door:

1. Heel duidelijk zijn in wat je wilt bereiken en waarom (je future state)
2. Daar heel hard voor oefenen (eigenaarschap pakken)
3. Zorgen voor oprechte interesse in en respect voor elkaar (je omgeving waarborgen)[173]

Hoe je door goed om te gaan met vallen, beter leert opstaan

Als je je afvraagt wat de teamleden als het meest memorabele moment beschouwden, zal het antwoord je waarschijnlijk verrassen. Ze noemden geen overwinning, maar juist een verloren wedstrijd. In 2013 waren de Spurs in Miami maar één wedstrijd verwijderd van hun vijfde NBA-titel. Tegenstander was favoriet Miami Heat. De Spurs waren volledig overtuigd van hun zege. In de aanloop naar de wedstrijd waren er al limousines gereserveerd, hun favoriete restaurant Il Gabbiano was al afgehuurd voor hun overwinningsfeest.

Het begon voorspoedig. Met de laatste 28 seconden op de klok stonden de Spurs zelfs met een paar punten voor. Het publiek in Miami werd stil. Sommige Miami Heatfans liepen zelfs al naar buiten terwijl de klok verder aftikte. Maar toen kreeg Miami's LeBron James de bal. De topscorer van Miami Heat schoot naar voren tussen de Spurs door en streepte de bal richting basket. Het mocht niet baten, de bal ketste af op het achterbord. De wedstrijd leek verloren voor Miami Heat, de Spurs sprongen al in de lucht van blijdschap.

Toen stoof opeens James' teamlid Chris Bosch naar voren tussen de Spurspelers door. Hij ving de bal op uit de rebound, speelde hem terug naar zijn collega Ray Allen en die scoorde alsnog gelijkspel. Met hernieuwde motivatie en de smaak van overwinning maakte Miami Heat het spel af. In de extra tijd pakte ze hun zege met slechts één driepunter voorsprong tussen beide giganten.

De Spurs waren nog nooit zo aangeslagen. Ze waren in één klap van hun voetstuk gevallen. De beker was hun in luttele seconden ontnomen. Iedere andere coach zou het hele festijn dat in de startblokken stond afblazen. Zo dachten de spelers er zelf ook over. Popovich niet. "We hebben een fantastisch seizoen gedraaid. We zijn opgeklommen in de rankings, ons spel is drastisch verbeterd. We zijn gegroeid als team, zowel op het veld als daarbuiten. Op naar Il Gabbiano!" Coach Popovich sprak ondertussen met alle spelers. In de kleedkamer, op weg naar het restaurant, tijdens het diner. Eén voor één. Besprak de wedstrijd, wat ging goed, wat kan volgende keer beter. Die avond hebben ze tot laat gefeest. Er waren geen speeches en de champagne bleef ongeopend. Het jaar erop wonnen ze alsnog hun vijfde NBA-titel. Tegen Miami Heat.[174]

Een van onze adviezen voor succesvolle vitaliteitsprogramma's luidt: bedrijfsgeneriek, teamspecifiek. Voor Coach Pop gold dit ook. "We willen als bedrijf, de San Antonio Spurs, de winnaar zijn. We moeten dit als team doen." Hij verlegde alleen de strategie van het bedrijf naar het individu: teamspecifiek, speler uniek. Hij wordt geroemd om zijn korte interventies tijdens en na de training waarbij hij de band versterkt met zijn spelers in snelle gesprekjes om even te horen hoe het met ze gaat. Niet alleen qua spel – 'Weet je nog wat je wilt bereiken en waarom? Hoe gaat het nu, wat kan beter?' – maar juist ook breder. Hoe gaat het met de familie, wat doe je in je vrije tijd, heb je vakantieplannen, hoe je is je gesprek met die-of-die verlopen? Oprechte interesse. Zijn opmerking werd weleens geciteerd: "*We gotta hug 'em and hold 'em.*" Hij werkte continu aan verbinding. Zo hield hij vele teamdiners – er werd weleens beweerd dat de Spurs meer samen aten dan trainden.

De ultieme feedbacktip

Coach Popovich was daarbij niet soft. Hij gaf ontzettend veel feedback aan zijn spelers over hun spel en technieken. Hij deed dat alleen op een subtiele, maar wetenschappelijk onderbouwde manier die een harde boodschap perfect kon maskeren.[175] Een simpele zin die jouw vertrouwen in de ander onderbouwt en diegene daarmee juist in haar kracht zet.

"*I'm giving you these comments because I have very high expectations and I know that you can reach them.*"[176]

Onderzoek binnen Google onderstreept het belang van dit vertrouwen. Google wilde weten welke elementen bijdragen aan de best presterende teams: goede werkomstandigheden, trainingsprogramma's, vrije tijd, de juiste randvoorwaarden? Het allerbelangrijkste kenmerk van een *high performing* team bleek vertrouwen te zijn.[177] Of zoals zij het omschreven: *psych safety*, psychologische veiligheid. Als het onderling goed zit, durven mensen fouten te maken. Dan kun je zaken van elkaar overnemen als dat nodig is. Dan zijn mensen eerder geneigd het voor elkaar op te nemen. Met andere woorden: daarmee staan niet de individuele spelers in hun kracht, maar versterken de spelers elkaars krachten. Met synergie als gevolg – of zoals bij de San Antonio Spurs: vijf NBA-titels.

Vertrouwen in het team heeft ook impact op de vitaliteit en veerkracht van de onderlinge spelers of collega's. De Amerikaanse neuro-econoom Paul Zak publiceerde in H*arvard Business Review* zijn onderzoeksresultaten waaruit het positieve effect bleek van vertrouwen binnen het team.[178] Zo vond hij dat in teams waarbij het onderlinge vertrouwen hoog was de teamleden twee keer zoveel energie hadden, veel meer betrokken waren bij hun werk – met vijftig procent hogere productiviteit tot gevolg – minder stress ervoeren en lager ziekteverzuim hadden.

Desondanks blijven veel initiatieven om teams te verbeteren, vitaliteit te bevorderen of samenwerking te optimaliseren vooral aan de oppervlakte. Ze halen niet de essentie naar boven.

Waarom is dit ook belangrijk voor jou? Tot nu toe ging dit boek vooral over hoe jezelf productiever kunt maken en hoe je effectiever kunt werken en leven. Waarom gaat dan dit hele hoofdstuk over je omgeving? Psycholoog en executive coach Albert Sonnevelt zei het heel mooi in een interview met internetondernemer Tonny Loorbach. Toen Loorbach hem vroeg naar zijn ultieme vrijheid in het leven, was zijn reactie verrassend. Het zette mij in elk geval aan het denken: "Echte vrijheid is je realiseren dat je altijd afhankelijk zult zijn van anderen."[179] Zodra je je dat realiseert, besef je ook meteen dat je niet losstaat van je omgeving. Sterker nog: net als in het team van coach Popovich bereik je de beste resultaten als je je omgeving meeneemt in je groei.

Ondernemer en schrijver Jim Rohn kwam destijds met de uitspraak '*You are the average of the five people you spend the most time with.*' De onderliggende gedachte wordt ondersteund door onderzoek. In hun boek *Connected* leggen socioloog Nicholas Christakis en politiek wetenschapper James Fowler de relatie tussen jouw welbevinden en je relatie met je vrienden, collega's en familie.[180] De mensen met wie je het meest omgaat. Hun onderzoek toont telkens weer aan hoe groot de impact van je omgeving is. De invloed gaat zelfs verder dan je directe kring. Neem overgewicht: als de vrienden van je vrienden overgewicht hebben, is de kans dat jij dat zelf ook krijgt 20 tot 60 procent hoger.[181] Gelukkig werkt het ook de andere kant op: als je vrienden positief in het leven staan, of zelfs maar de vrienden van jouw vrienden, is de kans groter dat jij dat zelf ook staat.[182] Zoals we eerder al zagen: dramaqueens trekken dramaqueens aan. Winnaars trekken winnaars aan.

De achtergrond is eigenlijk vrij eenvoudig. Onze monkey mind heeft geleerd, duizenden jaren geleden al, dat het veiliger is om in een groep te leven. Je hebt een hogere kans om te overleven als je met meer bent. Onbewust willen we dan ook bij een groep horen. Om erbij te (blijven) horen, passen we ons doen en laten aan de groep aan. We nemen de normen en waarden van de groep over. Die worden daarbij sterker dan die van onszelf. Mede daarom kunnen mensen zich in groepsverband veel agressiever gedragen dan als ze alleen zijn. Denk bijvoorbeeld aan hooligans. Groepsleden zwepen elkaar op, die energie werkt aanstekelijk. Positief, maar dus ook negatief.

Die groepsdynamiek kun je in je voordeel gebruiken. Ook als je niet in een NBA-team zit. In het klein kun je denken aan een personal trainer die het makkelijker maakt om jouw sportdoelen te halen. In groter verband kun je denken aan je collega's met wie je samen toewerkt naar een bepaald target. De kunst daarbij is om de juiste mensen om je heen te verzamelen. Liefst mensen die beter zijn dan jij. In elk geval in het vakgebied waar je ze voor aanneemt of met ze samenwerkt. Zo heb ik ooit de tegelwijsheid van een wel heel uitgesproken leider meegekregen. Hij zei: "Ik laat me alleen leiden door de mensen die ik leid." Die mensen heb je uiteindelijk ook gekozen, omdat je verwacht dat die het beste zijn in waar je ze voor hebt aangenomen.

Zodra je goed op elkaar ingespeeld bent, kan de effectiviteit van het team groter worden dan de som van de afzonderlijke teamleden. Het tegenstrijdige is: op het moment dat we een collega of partner het hardst nodig hebben, sluiten we ons er het meest voor af. 'Nu even geen tijd voor gezelligheid of afleiding, even mijn hoofd erbij houden!' Onderzoek onder werknemers toont aan dat we het contact met collega's weliswaar als hoogste waarderen binnen het werk, maar ook als eerste verwaarlozen als de werkdruk toeneemt.[183]

Wil je zaken volhouden, betrek dan je omgeving. Inmiddels ben je bekend met het hele rechargemodel. Je weet hoe belangrijk het hebben van een future state is – wat wil je bereiken en waarom is dat belangrijk. Je hebt geleerd hoe de juiste mindset de beste energie genereert. Je hebt ervaren hoe je jouw energie kan omzetten in flow door je op de juiste manier te focussen. Je hebt gelezen hoe je jouw focus optimaal houdt door te rechargen. Je omgeving is het laatste aspect dat het bereiken van je future state kan maken of breken. Hoe krijg je daar grip op?

Creëer een energieke omgeving voor meer wilskracht

Een tijdje geleden sprak ik Floris van der Linden, met een succesvolle carrière in de consultancy én in de hockey. Hij vertelde over zijn nu laatste jaar in Heren 1 en zijn ambitie om naast zijn werk bij PwC landskampioen te worden met zijn hockeyteam. Die ambitie had wel consequenties. "Na lange werkdagen die veel energie en focus vragen nog eens zes keer per week hard trainen, betekent dat je keuzes moet maken. De beste willen zijn in je werk en kampioen op het veld gaat niet zomaar samen."

Een van de keuzes die Floris aan het begin van het seizoen had gemaakt, was stoppen met drinken. Meteen de vrijdagmiddag in die eerste week ging hij naar de kroeg. Direct laten weten waar je voor staat, was zijn redenering. Het duurde een avond of twee, drie, maar toen hadden zijn vrienden het geaccepteerd. Sterker: ze spraken hun waardering ervoor uit.

Dit is een mooie casus voor wie zich iets voorneemt wat sociaal minder geaccepteerd is. Lang niet elke stap die jij zet onderweg naar je future state, kan op steun rekenen van je omgeving. Als je besluit niet meer te drinken, is de kans groot dat je vrienden dat ongezellig vinden. Je moet dus sterk in je schoenen staan om elk rondje opnieuw de commentaren en reacties te weerstaan en vast te houden aan je spaatje rood. Als je een duidelijke future state hebt – zoals in Floris' geval kampioen worden – waar je genoeg energie van krijgt, creeer je daarmee de wilskracht om de juiste keuzes te maken en vast te houden.

Wil jij jezelf verbeteren, kijk dan naar je omgeving. Die bepaalt voor een groot deel jouw succes, positiviteit en geluk.[184] Je collega's heb je wellicht niet voor het uitkiezen, maar je beslist over het algemeen wel met wie je het meeste omgaat. Is dat met die negatieve collega die altijd wel iets van een ander vindt? Of juist met een mentor die je keer op keer motiveert om het uiterste uit jezelf te halen? De beste trainers hebben vaak een senior trainer in hun omgeving met wie ze samenwerken. Puur om van te leren en zich te laten inspireren. Vergelijk jezelf bijvoorbeeld met iemand die beter af is. Dit wordt ook wel opwaartse vergelijking genoemd.[185] Het is een vorm van sociale vergelijking met twee mogelijke uitkomsten. Omring je jezelf met mensen die het in jouw ogen beter voor elkaar hebben, dan word je hierdoor gemotiveerd óf gedemotiveerd. En daarvan zijn jouw keuzes weer afhankelijk. Omring je jezelf door mensen die het minder goed voor elkaar hebben, ook wel neerwaartse vergelijking genoemd, dan leidt dit vaak tot passief gedrag. Je hebt het beter dan anderen, dus waarom zou je iets veranderen? Dit is natuurlijk geen probleem als je tevreden bent met waar je bent. Het gaat je echter niet verder helpen als er voor jouw gevoel iets ontbreekt. Jezelf omringen met de juiste mensen, helpt je om de juiste keuzes te maken.

Zelfs social media hebben een grote impact op de keuzes die je maakt. Dankzij Facebook en Instagram is je omgeving immers groter dan ooit. Kijk eens kritisch naar de mensen die je volgt. Zijn dit mensen die je inspireren en motiveren of frustreren en demotiveren? Houd eens een keer een grote schoonmaak om iedereen te ontvolgen die jou niet inspireert op dit moment in je leven. Die je niet inspireert om de juiste keuzes te maken. Zorg voor een omgeving met wie je jouw succes wilt vieren als je dat eenmaal gehaald hebt. Dat we dat vaker zouden moeten doen blijkt ook uit onderzoek van de Radboud Universiteit.[186] Zelfdiscipline is een mooi goed, maar mensen die de tijd nemen om samen te genieten van het leven blijken eenzelfde kans te hebben op welzijn en levensgeluk.

Er gebeurt alleen iets geks wanneer je eindelijk bereikt wat je voor ogen had. Vreemd genoeg is het behalen van dat ene doel ineens niet meer goed genoeg. Het voelt zelfs niet eens meer als een echte prestatie. Volgens wetenschappers is dit het gevolg van de *impact bias*. De neiging om de hedonistische impact, de mate waarin we plezier aan iets beleven, van toekomstige gebeurtenissen te overschatten.[187] Je beeldt het gevoel wat het behalen van dat doel je oplevert zonniger in, dan daadwerkelijk het geval is. Het wel of niet krijgen van die promotie, het afronden van die cursus, zelfs het wel of niet krijgen van een nieuwe partner hebben in werkelijkheid veel minder impact op ons geluk dan we van tevoren denken.

Ook Dan Gilbert, auteur van *Stumbling on Happiness*, merkt dit probleem op. In zijn populaire TED Talk *The surprising science of happiness* vertelt hij: "Er is iets mis met de manier waarop we geluk nastreven. We denken dat we meer moeten verdienen of werken om dan te kopen wat ons echt, nee dan écht, gelukkig maakt. Alleen maakt wat we voor onszelf kopen ons zelden gelukkiger op de lange termijn."[188] En dat is precies wat we op elk vlak van ons leven doen.

Je omgeving is hierbij weer van grote invloed. Niet te lang stilstaan bij je succes wordt er al van jongs af aan ingepeperd. Sta je als kind trots te wapperen met je A-diploma, dan krijg je al snel de vraag of je voor B wilt gaan. Als de inkt van je diploma nog niet droog is, vist je omgeving al naar de plannen voor na je afstuderen. Het lijkt een maatschappelijk goed om vooral niet te lang stil te staan bij een grote mijlpaal. Dit zit inmiddels zo diep in ons DNA dat het ons ook nu nog weerhoudt om vol overgave een confettikanon te schieten bij het behalen van succes.

Wat wordt vergeten is dat geluk slechts een momentopname is. Geluk is niet constant. Het is iets wat je alleen in het moment, in het nu, kunt voelen. Stilstaan bij je successen helpt je niet alleen om dit kortstondige gevoel van geluk vaker te ervaren, maar helpt je ook verder. Zowel op individueel als op teamniveau. Zo is uit een onderzoek van sportwetenschapper Gert-Jan Pepping gebleken dat successen vieren niet alleen het teamgevoel versterkt, maar ook een motiverend en stimulerend effect heeft. Voetbalteams die hun succes vieren, hebben zelfs een grotere kans op het winnen van de wedstrijd.[189] Het delen van succes heeft een positief effect op de groep. De reden volgens Pepping? Scoren is besmettelijk. Zelfs het vieren van de tweede plaats, zoals Coach Popovich dat deed.

Een eenvoudige manier om het leven drastisch te verbeteren

In 1999 werd het verhaal verteld van de 12-jarige Trevor McKinney uit een klein dorpje in California. Zijn leraar maatschappijleer daagt zijn klas uit om met een plan te komen om de wereld te verbeteren. Trevors plan lijkt even eenvoudig als krachtig. Doe iets goeds voor drie anderen. Iets wat ze zelf niet voor elkaar kunnen krijgen. Op die manier zou je binnen no-time het leven drastisch kunnen verbeteren. Als iedereen mee zou doen, zit je binnen twintig rondes op de halve wereldbevolking. In het verhaal blijkt het in eerste instantie helaas niet zo goed te werken, totdat een journalist het verhaal weet te herleiden naar Trevor. Die komt er dan pas achter hoeveel impact zijn idee heeft.[190] Ook in het echte leven heeft het verhaal van schrijver Catherine Ryan Hyde behoorlijk wat losgemaakt. *Pay it forward* wordt later uitgebracht als bioscoopfilm (2011) met grote namen als Helen Hunt, Kevin Spacey en Jon Bon Jovi.[191] Er is zelfs een gelijknamige stichting opgezet, met als doel om vooral jongeren bewust te maken van de essentie van sociale verbondenheid in onze samenleving.

Pay it forward: het delen van inzichten, elkaar op weg helpen, iets goeds doen voor een ander. Het helpt jou allemaal ook. Het activeert het beloningscentrum in je hersenen, het maakt je gelukkiger en het stimuleert de aanmaak van het hormoon oxytocine, het knuffelhormoon. Dit hormoon helpt jou weer om beter bestand te zijn tegen stress en om lekkerder in je vel te zitten.[192]

Pay it forward is daarmee ook de perfecte afronding van onze filosofie om nieuwe gewoontes aan te leren. De methodiek die we ook in onze programma's doorvoeren.

- Eerst bewust worden: wat wil je bereiken en waarom is dat belangrijk?
- Daar eigenaarschap over pakken. Oefenen. Recharge – Focus – Repeat.
- Dat delen. Pay it forward. Zorg dat je die kennis, ervaring deelt met je omgeving zodat je daar samen sterker van wordt. Dat heeft diverse voordelen.

Work smart, play smart is dus niet iets wat je alleen doet. Het werkt het beste als je collega's of vrienden meedoen. Samen krijg je daarmee niet alleen meer voor elkaar, maar is het ook gewoon leuker. Met andere woorden: Focus – Recharge – Repeat. Niet harder werken, maar slimmer ontspannen.

Om te onthouden

- Jouw omgeving speelt een essentiële rol bij het volhouden van nieuwe gewoonten.
- Creëer een omgeving met mensen die jou motiveren in plaats van demotiveren.
- Pay it forward!

Inspiratie

- Boek: *The Culture Code,* Daniel Coyle (o.a. over Coach Popovich)
- Film: *Pay it forward*

Linkjes en meer informatie vind je op www.worksmartplaysmart.nl

Aan de slag

Goede gesprekken in de natuur

Doordat je lopend elkaar niet aan hoeft te kijken is het makkelijker om de diepte in te gaan. De natuur zorgt ervoor dat je je beter open kunt stellen. In het Japans noemen ze dit shinrin-yoku, letterlijk 'baden in het bos'. Een andere manier om je gesprekken te verbeteren is door even te glimlachen voordat je de telefoon opneemt. Hierdoor klink je opgewekter, waardoor het telefoongesprek waarschijnlijk oprechter overkomt en makkelijker te voeren is.

Vier je successen

Heb je een doel bereikt of een succes behaald? Vergeet dat dan niet te vieren met je omgeving.

- Noteer je successen: schrijf dagelijks een ding op waar je trots op bent. Het noteren van je successen zorgt er niet alleen voor dat je erbij stilstaat, maar zorgt er ook voor dat je brein wordt geprogrammeerd met positieve emoties, waardoor je creatiever en efficiënter gaat denken.[193]
- Plan een vast viermoment in: kies wekelijks of maandelijks een vast moment in waarin je al je successen van de afgelopen periode naloopt.
- Deel je succes: mensen die hun positieve ervaringen met anderen delen zijn gelukkiger en tevredener, zo bevestigt ook de wetenschap.[194] Heb jij een mijlpaal bereikt waar je trots op bent? Vertel het je partner, een vriend(in) of een collega.
- Ben je manager van een team? Houd dan de kleine successen van je collega's bij op een vaste plaats en verras ze af en toe in de teammeeting met een vermelding van zijn of haar prestaties. Succes gegarandeerd!

My one thing

MIJN MANIER TO PAY IT FORWARD

EEN CADEAU VOOR JOU

In het kader van practice what you preach heb ik als laatste dan ook nog een cadeau voor jou. Onze missie bij The Recharge Company is: Recharge Life. Niet alleen jouw life, maar ook dat om ons heen. Stap voor stap, meter voor meter. Vierkante meters om precies te zijn. In samenwerking met EarthToday bied ik jou als lezer een vierkante meter natuurgebied aan. EarthToday kan dit stuk grond dan weer beschermen tegen ontbossing of bebouwing. Zo werken we allemaal mee aan een betere wereld. Zonder dat je er ook maar iets voor hoeft te doen. Nou ja, aan jou dan alleen het verzoek om op jouw beurt iemand anders blij te maken. Het liefst drie mensen.
Pay it forward.

Je kunt jouw vierkante meter claimen op www.worksmartplaysmart.nl

FELICITATIES & DANKWOORD

Nog net voordat dit boek naar de drukker ging, kreeg ik al een foto doorgemaild van een van mijn meelezers. 'Hoe jouw boek toch weet te inspireren. Het stuk rondom het geluk van mensen direct maar in praktijk gebracht,' schreef Ferry, die op de foto geknield zit voor een stralende Evelien die volmondig ja zegt. Van harte gefeliciteerd beiden!

Het zijn dit soort reacties waar je alleen maar van kan dromen bij het schrijven van een boek. Maar, hoe leuk het ook is, het blijft een draak van een klus. Ik ben dan ook ontzettend dankbaar voor alle support de afgelopen maanden van mijn familie, mijn team en alle anderen dankzij wie dit boek tot stand is gekomen. Allereerst mijn collega Kyra Geerts. Veel dank voor alle brainstorms en inzet de afgelopen weken. Zonder die sessies was het nooit gelukt alles terug te brengen tot 50.000 woorden. Haar bijdrage bracht niet alleen structuur in het verhaal, maar ook in alle onderzoeken.

Qua structuur ook veel dank aan Vera Spaans die de eindredactie voor haar rekening heeft genomen. Sorry voor alle lastminutezaken daarbij. Ook dank aan Femke Kamps met wie ik in 2019 al een eerste aanzet deed voor dit boek. Mirjam Kesting voor de fotografie en Tim Hengeveld die het boek heeft verrijkt met zijn creatieve illustraties. Dank aan Niels Stavorinus die er weer een heel mooi boek van heeft gemaakt en ook de prachtige cover voor zijn rekening nam. En ook zeker dank aan zijn vriendin Mirte Kager van Wijk en hun dochtertje Billie, die geboren werd ten tijde van het opmaken van dit boek. Nogmaals gefeliciteerd.

Met plezier heb ik geput uit de inspirationele leiderschapsreis naar Ghana afgelopen jaar waarvoor nogmaals dank Anton van den Berg, Armand van Velzen en Marieke Polman.

Dank aan alle meelezers en raadgevers voor jullie feedback, inspiratie en het op weg helpen in het hele proces: Albert Sonnevelt, Aranka van der Pol, Armand van Velzen, Arno Broere, Benno den Hartog, Bernard Maarsingh, Constance Scholten, Daphne Feller, Daphne Laan, de hierboven genoemde Ferry Hommerson, Floris van der Linden, Giel Beelen, Greet Vonk, Hans Faber,

Hebe Boonzaaijer, He Hong Chen Zhu, Herma Zelhorst, Hester Branderhorst, Hester Siegersma, Hidde Bruinsma, Hugo Drolsbach, Irene Vernie, Jacobien Zeijlemaker, Jochem Kentgens, Judith Zilversmit, Klaas Koster, Leonie Mallee, Liesbeth Heijnis, Lucas van Oostrum, Maaike Homan, Mandy Schild, Marcia Goddard, Marco van Demen, Mark Tigchelaar, Mascha Driessen, Maxime Asjes, Nicole van Nimwegen, Niek van den Andel, Niels Koekkoek, Raounak Khaddari, Winand Singh, Wolter Ram en Ykje Vriesinga.

Al die inspiratie en feedback had ik nooit kunnen verwerken zonder mijn team. Sandra Dekker die terwijl ik aan het schrijven was de regie binnen The Recharge Company heeft overgenomen en natuurlijk Daisy Jim, Eline Kemp, Lotte Eijking en Mirthe Bokma.

Speciale dank voor mijn broer Geert de Vries, de meest kritische tegenlezer die mijn columns voor RTL Z elke twee weken met een dikke rode pen in de aanslag meeleest. Gelukkig is die pen steeds minder nodig. En lest best natuurlijk Faye en Boet. Dank voor al jullie geduld, ook in de vele weekenden dat ik afwezig was. Love you.

Work smart met je collega's

Work smart play smart is onderdeel van het Recharge360 programma: een compleet jaarprogramma dat je uitdaagt op alle onderwerpen en inzichten die in dit boek voorbijkomen. Samen met je collega's maak je teams waarmee je andere collega's uitdaagt. Gedurende de challenge gaan jullie zelf ervaren hoe je een meer energieke en duurzame lifestyle kan ontwikkelen. De Recharge360 coaches staan daarbij voor je klaar voor als je vragen of motivatie nodig hebt. Meer informatie vind je op Recharge360.com

RECHARGE360.COM

BRONNEN

HOOFDSTUK 1

DE KRACHT VAN DE FUTURE STATE

1 Het team van Allied Forces bestond in dit geval uit Armand van Velzen, zijn compagnon Anton van den Berg en hun partner Marieke Polman die ons aan elkaar heeft voorgesteld.

2 Carreyrou, J. (2018). *Bad Blood: Secrets and Lies in a Silicon Valley Start-up*. Van Haren Publishing.

3 Locke, E. A., & Latham, G. P. (2006). *New Directions in Goal-Setting Theory*. Current Directions in Psychological Science, 15(5), 265–268. https://doi.org/10.1111/j.1467-8721.2006.00449.x

4 Dominican University of California. (2015, 2 januari). *Study focuses on strategies for achieving goals, resolutions* [Persbericht]. https://scholar.dominican.edu/news-releases/266/

5 *Beyoncé: mastermind met een missie*. (2019, 31 juli). Grazia. https://grazia.nl/artikel/257355/beyonce-mastermind-met-een-missie

6 *Thuiswerkseminar over #cultuurSHOCK Jitske Kramer*. (2020, 22 april). YouTube. https://www.youtube.com/watch?v=BFe4xnG6oRU

HOOFDSTUK 2

JE MINDSET BEPAALT

7 Crum, Alia J., and Ellen J. Langer. 2007. *Mind-set matters: Exercise and the placebo effect*. Psychological Science 18, no. 2: 165-171.

8 Blakeslee, S. (1998, 13 oktober). *Placebos Prove So Powerful Even Experts Are Surprised; New Studies Explore the Brain's Triumph Over Reality*. The New York Times. https://www.nytimes.com/1998/10/13/science/placebos-prove-so-powerful-even-experts-are-surprised-new-studies-explore-brain.html

9 Verheul, W. & Bensing, Jozien. (2008). Het placebo-effect in de huisartsenpraktijk: communicatie als medicijn. Bijblijven. 24. 38-44. 10.1007/BF03076330

10 Richter, J., Gilbert, J., & Baldis, M. (2012). Maximizing strength training performance using mental imagery. Strength & Conditioning Journal, 34(5), 65–69. https://doi.org/10.1519/ssc.0b013e3182668c3d

11 Abbey, A., & Andrews, F. M. (1985). Modeling the psychological determinants of life quality. Social indicators research, 16(1), 1-34.

12 Dweck, C. S. (2008). Mindset: The new psychology of success. Random House Digital, Inc..

13 Dijksterhuis, A. (2006). On Making the Right Choice: The Deliberation-Without-Attention Effect. Science, 311(5763), 1005–1007. https://doi.org/10.1126/science.1121629

14 Blair, C., & Raver, C. C. (2016). Poverty, Stress, and Brain Development: New Directions for Prevention and Intervention. Academic Pediatrics, 16(3), S30–S36. https://doi.org/10.1016/j.acap.2016.01.01

15 Spiering, H. (2019, 10 mei). Kost het meer energie om diep na te denken? NRC. https://www.nrc.nl/nieuws/2019/05/10/kost-het-meer-energie-om-diep-na-te-denken-a3959815

16 Harari, Y. (2019). Sapiens (35e druk). Amsterdam, Nederland: Uitgeverij Thomas Rap. p. 32.

17 Wood, A.M., Joseph, S., Lloyd, J, Atkins, S. Gratitude influences sleep through the mechanism of pre-sleep cognitions. J Psychosom Res. 2009 Jan;66(1):43-8. doi: 10.1016/j.jpsychores.2008.09.002. Epub 2008 Nov 22. PMID: 19073292.
Jackowska, M., Brown, J., Ronaldson, A., Steptoe, A. (2015). The impact of a brief gratitude intervention on subjective well-being, biology and sleep. Journal of health psychology. 21. 10.1177/1359105315572455.

18 Honig, R. (2021, 22 februari). De coachtip van de maand: Incompetent, maar je weet het zelf niet: het Dunning-Krugereffect. Mr. Online. https://www.mr-online.nl/de-coachtip-van-de-maand-incompetent-maar-je-weet-het-zelf-niet-het-dunning-krugereffect/

19 Brain Architecture. (z.d.). Center on the Developing Child. https://developingchild.harvard.edu/science/key-concepts/brain-architecture/

20 Marin, M.F., Lord, C., Andrews, J., Juster, R.P., Sindi, S., Arsenault-Lapierre, G., Fiocco, A.J., Lupien, S.J. Chronic stress, cognitive functioning and mental health. Neurobiol Learn Mem. 2011 Nov;96(4):583-95. doi: 10.1016/j.nlm.2011.02.016. Epub 2011 Mar 2. PMID: 21376129.

21 Campbell, B. (2020, 3 maart). DHEAS and human development: An evolutionary perspective. Frontiers. https://www.frontiersin.org/articles/10.3389/fendo.2020.00101/full

22 American Psychological Association. (2018, 1 november). Stress effects on the body. APA. https://www.apa.org/topics/stress/body

23 Crum AJ, Salovey P, Achor S. Rethinking stress: the role of mindsets in determining the stress response. J Pers Soc Psychol. 2013 Apr;104(4):716-33. doi: 10.1037/a0031201. Epub 2013 Feb 25. PMID: 23437923.

24 McGonigal, K. (2013, juni). Kelly McGonigal: How to make stress your friend [videobestand]. Verkregen van https://www.ted.com/talks/kelly_mcgonigal_how_to_make_stress_your_friend

25 Keller, A., Litzelman, K., Wisk, L. E., Maddox, T., Cheng, E. R., Creswell, P. D., & Witt, W. P. (2012). Does the perception that stress affects health matter? The association with health and mortality. Health Psychology, 31(5), 677–684. https://doi.org/10.1037/a0026743.

26 Deckro, G. R., Ballinger, K. M., Hoyt, M., Wilcher, M., Dusek, J., Myers, P., & Benson, H. (2002). The evaluation of a mind/body intervention to reduce psychological distress and perceived stress in college students. Journal of American College Health, 50(6), 281-287.

27 Gizem Kuru. (2016, 13 maart). Then why worry? YouTube. https://www.youtube.com/watch?v=9YRjX3A_8cM

28 TED Talk. (2018, 14 november). Teach like a toddler: how to bring education in the 21st century. YouTube. https://www.youtube.com/watch?v=VzF921SmqGk

29 Maier, S. U., Makwana, A. B., & Hare, T. A. (2015). Acute stress impairs self-control in goal-directed choice by altering multiple functional connections within the brain's decision circuits. Neuron, 87(3), 621-631.
Schwabe, L., & Wolf, O. T. (2009). Stress prompts habit behavior in humans. Journal of Neuroscience, 29(22), 7191-7198.
Starcke, K., & Brand, M. (2012). Decision making under stress: a selective review. Neuroscience & Biobehavioral Reviews, 36(4), 1228-1248.

30 Van Dinteren, R., & Lazeron, N. (Eds.). (2010). Brein@ work: wetenschap en toepassing van breinkennis. Bohn Stafleu van Loghum.

31 Goldfarb, E.V., Rosenberg, M.D., Seo, D. et al. Hippocampal seed connectome-based modeling predicts the feeling of stress. Nat Commun 11, 2650 (2020). https://doi.org/10.1038/s41467-020-16492-2

32 Suh, J., Graham, S., Ferrarone, T., Kopeinig, G., & Bertholet, B. (2011). Developing persistent and flexible problem solvers with a growth mindset. In D. J. Brahier & Speer, W. R. (Eds.),Motivation and disposition: Pathways to learning mathematics. (pp. 169–183). Reston, VA: National Council of Teachers of Mathematics. doi:10.4169/000298910x521634

33 Harari, Y. (2019). Sapiens (35e druk). Amsterdam, Nederland: Uitgeverij Thomas Rap. p. 32.

34 Wessels, P. (2017, 6 januari). De auto die je kocht ineens overal op straat: beïnvloeding door de frequency illusion. Consumentenpsycholoog. https://consumentenpsycholoog.nl/de-auto-die-je-kocht-ineens-overal-op-straat-beinvloeding-door-de-frequency-illusion/

HOOFDSTUK 3
ENERGIEMANAGEMENT

35 Randy van der Meer. (2011, 14 december). Steve Ballmer Going Crazy on Stage. YouTube. https://www.youtube.com/watch?v=I14b-C67EXY

36 Blauw, S. (2015, 27 augustus). Waarom we niet gelukkig worden als de samenleving een sporttoernooi is. De Correspondent. https://decorrespondent.nl/3259/waarom-we-niet-gelukkig-worden-als-de-samenleving-een-sporttoernooi-is/47427294926-20b873d9

37 Chatterjee, A. (2015). Is the statement of Murphy's law valid? Complexity, 21(6), 374–380. https://doi.org/10.1002/cplx.21697

38 Valk, S. L., Bernhardt, B. C., Trautwein, F.-M., Böckler, A., Kanske, P., Guizard, N., Collins, D. L., & Singer, T. (2017). Structural plasticity of the social brain: Differential change after socio-affective and cognitive mental training. Science Advances, 3(10), e1700489. https://doi.org/10.1126/sciadv.1700489

39 Barnes, C. (2015, 28 januari). The Ideal Work Schedule, as Determined by Circadian Rhythms. Harvard Business Review. https://hbr.org/2015/01/the-ideal-work-schedule-as-determined-by-circadian-rhythms.

40 Harvard University. (2021, 4 februari). Dopamine, Smartphones & You: A battle for your time. Science in the News. https://sitn.hms.harvard.edu/flash/2018/dopamine-smartphones-battle-time/

41 Janes, M., & Banissy, M. (z.d.). The refuse to snooze report. Amazonaws. Geraadpleegd op 4 maart 2021, van https://s3-us-west-2.amazonaws.com/evesleep/assets/genesis/landing_pages/refuse-to-snooze/the-refuse-to-snooze-report-FINALpdf.pdf

42 Jéquier, E. & Constant, F. Water as an essential nutrient: the physiological basis of hydration. Eur J Clin Nutr. 2010 Feb;64(2):115-23. doi: 10.1038/ejcn.2009.111. Epub 2009 Sep 2. PMID: 19724292.

43 Masento, N., Golightly, M., Field, D., Butler, L. & Van Reekum, C. (2014). Effects of hydration status on cognitive performance and mood. The British journal of nutrition. 111. 1-12. 10.1017/S0007114513004455.

44 Boschmann, M., Steiniger, J., Hille, U., Tank, J., Adams, F., Sharma, A., Klaus, S., Luft, F.C. & Jordan, J. Water-induced thermogenesis. J Clin Endocrinol Metab. 2003 Dec;88(12):6015-9. doi: 10.1210/jc.2003-030780. PMID: 14671205.

45 Boecker, H., Sprenger, T., Spilker, M., Henriksen, G., Koppenhoefer, M., Wagner, K., Valet, M., Berthele, A. & Tolle, T. (2008). The Runner's High: Opioidergic Mechanisms in the Human Brain. Cerebral cortex (New York, N.Y. : 1991). 18. 2523-31. 10.1093/cercor/bhn013.

46 Headspace. (z.d.). The Benefits of Meditation. https://www.headspace.com/science/meditation-benefits

47 Wieth, M. & Zacks, R. (2011). Time of day effects on problem solving: When the non-optimal is optimal. Thinking & Reasoning - THINK REASONING. 17. 387-401. 10.1080/13546783.2011.625663.

48 Barnes, C. (2015, 28 januari). The Ideal Work Schedule, as Determined by Circadian Rhythms. Harvard Business Review. https://hbr.org/2015/01/the-ideal-work-schedule-as-determined-by-circadian-rhythms

49 Schwartz, T., & McCarthy, C. (2007, oktober). Manage Your Energy, Not Your Time. Harvard Business Review. https://hbr.org/2007/10/manage-your-energy-not-your-time.

50 Csikszentmihályi, M. (1988), The flow experience and its significance for human psychology, in Csikszentmihályi, M. (ed.), Optimal experience: psychological studies of flow in consciousness, Cambridge, UK: Cambridge University Press, p. 15, ISBN 978-0-521-43809-4

51 Jongkind, A., & Vonk, G. (2020, maart) Sterker door ellende. S2uitgevers.

52 idem

53 Achor, S., & Gielan, M. (2016, 24 juni). Resilience Is About How You Recharge, Not How You Endure. Harvard Business Review. https://hbr.org/2016/06/resilience-is-about-how-you-recharge-not-how-you-endure

54 Meens, S. (2015, 13 februari). A day in the life of Max Verstappen. Verstappen.com. https://verstappen.com/en/article/2009

55 Carney, D., Cuddy, A. & Yap A. Power Posing: Brief Nonverbal Displays Affect Neuroendocrine Levels and Risk Tolerance. Psychological Science. 2010;21(10):1363-1368. doi:10.1177/0956797610383437

56 Veenstra, L., Schneider, I. K., & Koole, S. L. (2016). Embodied mood regulation: the impact of body posture on mood recovery, negative thoughts, and mood-congruent recall. Cognition and Emotion, 31(7), 1361–1376. https://doi.org/10.1080/02699931.2016.1225003

HOOFDSTUK 4
VAN FOCUS NAAR FLOW

57 Danziger, S., Levav, J. & Avnaim-Pesso, L. (2011). Extraneous Factors in Judicial Decisions. Proceedings of the National Academy of Sciences of the United States of America. 108. 6889-92. 10.1073/pnas.1018033108.

58 Csikszentmihalyi, M. (2013). Flow: The psychology of happiness. Random House.

59 Reutskaja, E., Lindner, A., Nagel, R. et al. Choice overload reduces neural signatures of choice set value in dorsal striatum and anterior cingulate cortex. Nat Hum Behav 2, 925–935 (2018). https://doi.org/10.1038/s41562-018-0440-2

60 Chernev, A., Bockenholt, U. & Goodman, J. (2015). Choice Overload: A Conceptual Review and Meta-Analysis. Journal of Consumer Psychology. 25. Pages 333–358. 10.1016/j.jcps.2014.08.002.

61 Polman, E. (2010). Why are maximizers less happy than satisficers? Because they maximize positive and negative outcomes. Journal of Behavioral Decision Making, 23(2), 179-190.
Bubić, A., & Erceg, N. (2018). The Role of Decision Making Styles in Explaining Happiness. Journal of Happiness Studies, 19(1), 213-229.

62 Parker, A., De Bruin, W., & Fischhoff, B. (2007). Maximizers versus satisficers: Decision-making styles, competence, and outcomes. Judgment and Decision making, 2(6), 342.

63 Van Noort, W. (2019, 21 maart). Uitgeput door keuzestress? Hak vooral die knoop door. NRC. https://www.nrc.nl/nieuws/2019/03/21/uitgeput-door-keuzestress-hak-vooral-die-knoop-door-a3953952

64 Brooks, D. (2011). The social animal. New York: Random House. P. 293

65 Dijksterhuis, A. (2004). Think different: the merits of unconscious thought in preference development and decision making. Journal of personality and social psychology, 87(5), 586.

66 Dijksterhuis, A. P. (2007). Het slimme onbewuste. Denken met gevoel. Amsterdam: Bert Bakker.

67 Brumby, D., Janssen, C., & Mark, G. (2019). How do interruptions affect productivity?. In Rethinking Productivity in Software Engineering (pp. 85-107). Apress, Berkeley, CA.

68 Killingsworth, M. & Gilbert, D. (2010). A Wandering Mind is an Unhappy Mind. Science (New York, N.Y.). 330. 932. 10.1126/science.1192439.

69 Kotler, S. (2014, 30 april). The Science of Peak Human Performance. Time. https://time.com/56809/the-science-of-peak-human-performance/

70 Limb, C. & Braun, A. (2008). Neural Substrates of Spontaneous Musical Performance: An fMRI Study of Jazz Improvisation. PloS one. 3. e1679. 10.1371/journal.pone.0001679.

71 Tiger Woods interview with Oprah Winfrey after 1997 Masters victory (Full). (2018, 1 februari). YouTube. https://www.youtube.com/watch?v=z36FC-cr9j2w&t=1140s

72 Pantic, I. (2014). Online Social Networking and Mental Health. Cyberpsychology, Behavior, and Social Networking. 17. 10.1089/cyber.2014.0070.

73 Rosen, C. (2008). The myth of multitasking. The New Atlantis, (20), 105-110.

74 Tigchelaar, M., & de Bos, O. (2019). Focus AAN/UIT: Dicht de 4 concentratielekken en krijg meer gedaan in een wereld vol afleiding. Spectrum.

75 Mark, G. (2015). Multitasking in the digital age. Synthesis Lectures On Human-Centered Informatics, 8(3), 1-113.

76 Mark, G., Iqbal, S., Czerwinski, M., Johns, P., & Sano, A. (2016, May). Neurotics can't focus: An in situ study of online multitasking in the workplace. In Proceedings of the 2016 CHI conference on human factors in computing systems (pp. 1739-1744). ACM.

77 Meyer, D. & Kieras, D. (1997). A computational theory of executive cognitive processes and multiple-task performance: Part 1. Basic mechanisms. Psychological Review, 104, 3-65.
Meyer, D. & Kieras, D. (1997). A computational theory of executive cognitive processes and multiple-task performance: Part 2. Accounts of psychological refractory-period phenomena. Psychological Review, 104, 749-791.

78 Medina, J. (2011). Brain rules: 12 principles for surviving and thriving at work, home, and school. ReadHowYouWant. com.

79 Petrova, Y., Brumby, D., & Cox, A. (2019). Future challenges in design for multitasking at work.

80 Ferriss, T. (2012). Een werkweek van 4 uur (19e druk). Amsterdam, Nederland: De Boekerij bv. P. 83.

81 Pencavel, J. (2014). The productivity of working hours. The Economic Journal, 125(589), 2052-2076.
Collewet, M., & Sauermann, J. (2017). Working hours and productivity. Labour economics, 47, 96-106.

82 Eisenhower. (z.d.). The Eisenhower Matrix: Introduction & 3-Minute Video Tutorial. https://www.eisenhower.me/eisenhower-matrix/

83 Duhigg, C. (2013). The Power of Habit: Why we do what we do and how to change. Random House.

84 Lally, P., Van Jaarsveld, C., Potts, H., & Wardle, J. (2010). How are habits formed: Modelling habit formation in the real world. European journal of social psychology, 40(6), 998-1009.

85 TED Talk. (2012, 5 december). Forget big change, start with a tiny habit. YouTube. https://www.youtube.com/watch?v=AdKUJxjn-R8

86 Clear, J. (2018). Atomic Habits. Van Haren Publishing.

87 Wiersma, M. (2020, 11 juli). Hoe krijg je taken een stuk sneller af? Denk aan de Wet van Parkinson. AD. https://www.ad.nl/werk/hoe-krijg-je-taken-een-stuk-sneller-af-denk-aan-de-wet-van-parkinson~af1e1921/

88 Ariely, D., & Wertenbroch, K.. Procrastination, deadlines, and performance: Self-control by precommitment. Psychological science 13.3 (2002): 219-224.

HOOFDSTUK 5
HOE RECHARGEN ONS SLIMMER MAAKT

89 Brownlee, D. (2019, 4 september). How The 'Best Companies To Work For' Engage Employees And Retain Top Talent. Forbes. https://www.forbes.com/sites/danabrownlee/2019/09/04/how-the-best-companies-to-work-for-engage-employees-and-retain-top-talent/?sh=3959af911eca

90 Moss, J. (2019, 1 juli). When passion leads to burnout. Harvard Business Review. https://hbr.org/2019/07/when-passion-leads-to-burnout

91 Tsikurishvili, L. (Producent), Tsikurishvili, L. (Regisseur). (2017). Avicii: True Stories [Film]. Amsterdam, Nederland Piece of Magic Entertainment.

92 Gijssel, R. (2014, 15 oktober). Laidback Luke, vaderfiguur van de Nederlandse dance. de Volkskrant.

93 idem

94 Marlisa, L. (2018, 11 mei). De opkomst en ondergang van Avicii - snel succes bleek een sluipmoordenaar voor de talentvolle dj en producer. Business Insider Nederland. https://www.businessinsider.nl/de-opkomst-en-ondergang-van-avicii-snel-succes-bleek-een-sluipmoordenaar-voor-de-talentvolle-dj-en-producer-zelfmoord/

95 Vervaeke, L. (2021, 12 januari). In China had de harde werkcultuur voor een jonge werkneemster de dood tot gevolg. de Volkskrant. https://www.volkskrant.nl/columns-opinie/in-china-had-de-harde-werkcultuur-voor-een-jonge-werkneemster-de-dood-tot-gevolg~b2603dfa/

96 Giesbergen, B., & Erken, H. (2018, 27 februari). China moet werk maken van onevenwichtigheden en productiviteitsgroei. RaboResearch - Economisch Onderzoek. https://economie.rabobank.com/publicaties/2018/februari/china-moet-werk-maken-van-onevenwichtigheden-en-productiviteitsgroei/

97 Crunch Mode: programming to the extreme - The Relationship Between Hours Worked and Productivity. (z.d.). Stanford.edu. https://cs.stanford.edu/people/eroberts/cs201/projects/crunchmode/econ-hours-productivity.html

98 Hunnicutt, B. (1992). Kellogg's Six-Hour Day: A Capitalist Vision of Liberation through Managed Work Reduction. Business History Review, 66(3), 475–522. https://doi.org/10.2307/3116979

99 Centraal Bureau voor de Statistiek. (2020, 20 februari). Meer dan de helft werkt voltijds. https://www.cbs.nl/nl-nl/nieuws/2020/08/meer-dan-de-helft-werkt-voltijds
Xueqiao, W., & Hancock, T. (2019, 17 januari). Overdoing it: the cost of China's long-hours culture. Financial Times. https://www.ft.com/content/d5f01f68-9cbc-11e8-88de-49c908b1f264

100 Alderman, L. (2016, 20 mei). In Sweden, an experiment turns shorter workdays into bigger gains. The New York Times. https://www.nytimes.com/2016/05/21/business/international/in-sweden-an-experiment-turns-shorter-workdays-into-bigger-gains.html

101 NOS. (2016, 9 oktober). Twee uur minder werken op een dag loont voor Zweedse bedrijven. https://nos.nl/artikel/2136845-twee-uur-minder-werken-op-een-dag-loont-voor-zweedse-bedrijven.html

102 Eimers, D. (2014, 27 april). We ontnemen kinderen de kans om zichzelf te ontdekken. Trouw. https://www.trouw.nl/nieuws/we-ontnemen-kinderen-de-kans-om-zichzelf-te-ontdekken~bad6532e/

103 Achor, S., & Gielan, M. (2018, 12 maart). Resilience Is About How You Recharge, Not How You Endure. Harvard Business Review. https://hbr.org/2016/06/resilience-is-about-how-you-recharge-not-how-you-endure

104 Selina Tobaccowala on Masters of Scale with Reid Hoffman. (z.d.). Masters of Scale. https://mastersofscale.com/selina-tobaccowala-let-fires-burn/

105 Pang, A. (2016). Rest: Why you get more done when you work Less. Basic Books.

106 Pang, A. (2017, 30 maart). Nautilus | Science Connected. Darwin Was a Slacker and You Should Be Too, 2017(46). https://nautil.us/

107 Rosenberg, D. (2003). Early Modern Information Overload. Journal of the History of Ideas, 64(1), 1–9. https://doi.org/10.1353/jhi.2003.0017

108 Cep, C. (2019, 21 oktober). The Real Nature of Thomas Edison's Genius. The New Yorker. https://www.newyorker.com/magazine/2019/10/28/the-real-nature-of-thomas-edisons-genius

109 De Bloom, J., Geurts, S., Taris, T., Sonnentag, S., de Weerth, C., & Kompier, M. (2010). Effects of vacation from work on health and well-being: Lots of fun, quickly gone. Work & Stress, 24(2), 196-216.

110 Schnohr, P., Jensen, J., Scharling, H., & Nordestgaard, B. (2002). Coronary heart disease risk factors ranked by importance for the individual and community. A 21 year follow-up of 12000 men and women from The Copenhagen City Heart Study. European heart journal, 23(8), 620-626.

111 The Wall Street Journal (2015, 4 maart). The Price of Unused Vacation Time: $224 Billion. https://blogs.wsj.com/atwork/2015/03/04/the-cost-of-unused-vacation-time-224-billion/

112 Pang, A. (2016). Rest: Why you get more done when you work Less. Basic Books.

113 De Bloom, J., Geurts, S., & Kompier, M. (2013). Vacation (after-) effects on employee health and well-being, and the role of vacation activities, experiences and sleep. Journal of Happiness Studies, 14(2), 613-633.

114 Bosch, C., & Sonnentag, S. (2018). Should I take a break? A daily reconstruction study on predicting micro-breaks at work. International Journal of Stress Management.
Sonnentag, S., & Schiffner, C. (2019). Psychological Detachment from Work during Nonwork Time and Employee Well-Being: The Role of Leader's Detachment. The Spanish journal of psychology, 22.

115 Sonnentag, S. (2003). Recovery, work engagement, and proactive behavior: a new look at the interface between nonwork and work. Journal of applied psychology, 88(3), 518.
Zijlstra, F., & Sonnentag, S. (2006). After work is done: Psychological perspectives on recovery from work. European journal of work and organizational psychology, 15(2), 129-138.

116 Sianoja, M., Syrek, C., de Bloom, J., Korpela, K., & Kinnunen, U. (2017). Enhancing daily well-being at work through lunchtime park walks and relaxation exercises: Recovery experiences as mediators.

117 idem

118 Sonnentag, S., & Bayer, U. (2005). Switching off mentally: predictors and consequences of psychological detachment from work during off-job time. Journal of occupational health psychology, 10(4), 393.

119 Gagné, M., & Bhave, D. (2011). Autonomy in the workplace: An essential ingredient to employee engagement and well-being in every culture. In Human autonomy in cross-cultural context (pp. 163-187). Springer, Dordrecht. Slemp, G., Kern, M., & Vella-Brodrick, D. (2015). Workplace well-being: The role of job crafting and autonomy support. Psychology of Well-being, 5(1), 7.

120 Basso, Julia & Suzuki, Wendy. (2017). The Effects of Acute Exercise on Mood, Cognition, Neurophysiology and Neurochemical Pathways: A Review. Brain Plasticity. 2. 1-26. 10.3233/BPL-160040.

121 Childs, Emma & Wit, Harriet. (2014). Regular exercise is associated with emotional resilience to acute stress in healthy adults. Frontiers in physiology. 5. 161. 10.3389/fphys.2014.00161.

122 Ekeland, Eilin & Heian, F & Hagen, K. (2005). Can exercise improve self esteem in children and young people? A systematic review of randomised controlled trials * Commentary. British journal of sports medicine. 39. 792-8; discussion 792. 10.1136/bjsm.2004.017707.

123 Basso, Julia & Suzuki, Wendy. (2017). The Effects of Acute Exercise on Mood, Cognition, Neurophysiology and Neurochemical Pathways: A Review. Brain Plasticity. 2. 1-26. 10.3233/BPL-160040.

124 Boecker, H., Sprenger, T. & Spilker, M., Henriksen, G., Koppenhoefer, M., Wagner, K., Valet, M., Berthele, A. & Tolle, T. (2008). The Runner's High: Opioidergic Mechanisms in the Human Brain. Cerebral cortex (New York, N.Y. : 1991). 18. 2523-31. 10.1093/cercor/bhn013.

125 Zitten is het nieuwe roken. (2018, 8 november). Zilveren Kruis. https://www.zilverenkruis.nl/zakelijk/blog/zitten-is-het-nieuwe-roken

126 Ettema, D., & Smajic, I. (2015). Walking, places and wellbeing. The geographical journal, 181(2), 102-109.

127 Oppezzo, M., & Schwartz, D. (2014). Give your ideas some legs: The positive effect of walking on creative thinking. Journal of experimental psychology: learning, memory, and cognition, 40(4), 1142.

128 Chaddock, L., Erickson, K., Prakash, R., Van Patter, M., Voss, M., Pontifex, M., Raine, L., Hillman, C. & Kramer, A. Basal ganglia volume is associated with aerobic fitness in preadolescent children. Dev Neurosci. 2010 Aug;32(3):249-56. doi: 10.1159/000316648. Epub 2010 Aug 6. PMID: 20693803; PMCID: PMC3696376.

129 Ahlskog, J., Geda, Y., Graff-Radford, N. & Petersen, R. (2011). Physical Exercise as a Preventive or Disease-Modifying Treatment of Dementia and Brain Aging. Mayo Clinic proceedings. Mayo Clinic. 86. 876-84. 10.4065/mcp.2011.0252.

130 Ouden, Lauren & Kandola, Aaron & Suo, Chao & Hendrikse, Joshua & Costa, Ricardo & Watt, Matthew & Lorenzetti, Valentina & Chye, Yann & Parkes, Linden & Sabaroedin, Kristina & Yucel, Murat. (2018). The Influence of Aerobic Exercise on Hippocampal Integrity and Function: Preliminary Findings of a Multi-Modal Imaging Analysis. Brain Plasticity. 4. 1-6. 10.3233/BPL-170053.

131 Beau gemist? Erik Scherder legt belang beweging uit in strijd tegen corona. (2020, 12 november). Gids.tv. https://www.gids.tv/video/276031/beau-gemist-erik-scherder-legt-belang-beweging-uit-in-strijd-tegen-corona

132 Bercht, A. (2020, 19 februari). Waarom is beweging goed voor je brein? EOS Wetenschap. https://www.eoswetenschap.eu/psyche-brein/waarom-beweging-goed-voor-je-brein

133 Nazish, N. (2019, 30 mei). How To De-Stress In 5 Minutes Or Less, According To A Navy SEAL. Forbes. https://www.forbes.com/sites/nomanazish/2019/05/30/how-to-de-stress-in-5-minutes-or-less-according-to-a-navy-seal/?sh=540af263046d

134 Kabat-Zinn, J. (1982). An outpatient program in behavioral medicine for chronic pain patients based on the practice of mindfulness meditation: Theoretical considerations and preliminary results. General Hospital Psychiatry, 4(1), 33–47. https://doi.org/10.1016/0163-8343(82)90026-3
Ludwig, D., & Kabat-Zinn, J. (2008). Mindfulness in Medicine. JAMA, 300(11), 1350. https://doi.org/10.1001/jama.300.11.1350

135 Hopwood, T., & Schutte, N. (2017). A meta-analytic investigation of the impact of mindfulness-based interventions on post traumatic stress. Clinical Psychology Review, 57, 12–20. https://doi.org/10.1016/j.cpr.2017.08.002

136 Grossman, P., Niemann, L., Schmidt, S., & Walach, H. (2004). Mindfulness-based stress reduction and health benefits. Journal of Psychosomatic Research, 57(1), 35–43. https://doi.org/10.1016/s0022-3999(03)00573-7

137 Taren, A., Creswell, J., & Gianaros, P. (2013). Dispositional Mindfulness Co-Varies with Smaller Amygdala and Caudate Volumes in Community Adults. PLoS ONE, 8(5), e64574. https://doi.org/10.1371/journal.pone.0064574

138 Joseph, A. (2018, 24 augustus). Meditation and conversation: How the NBA is educating its rookies on mental health. For The Win. https://ftw.usatoday.com/2018/08/nba-mental-health-trae-young-kevin-love-headspace-rookie-transition-program-meditation

139 Gates, B. (2018, 3 december). Why I'm into meditation. GatesNotes. https://www.gatesnotes.com/Books/The-Headspace-Guide-to-Meditation-and-Mindfulness

140 Gander, K. (2018, 1 mei). Katy Perry says she treats her anxiety with meditation, not prescription drugs. Newsweek. https://www.newsweek.com/katy-perry-904893

141 Carver, L., & Carver, M. (2020, 14 augustus). 5 ways to develop your intuition. Chopra. https://chopra.com/articles/5-ways-develop-your-intuition

142 Valk, S., Bernhardt, B., Trautwein, F., Böckler, A., Kanske, P., Guizard, N., Collins, D. & Singer, T. Structural plasticity of the social brain: Differential change after socio-affective and cognitive mental training. Sci Adv. 2017 Oct 4;3(10):e1700489. doi: 10.1126/sciadv.1700489. PMID: 28983507; PMCID: PMC5627980.

143 Stone, L. (z.d.). Are You Breathing? Do You Have Email Apnea? Linda Stone. https://lindastone.net/2014/11/24/are-you-breathing-do-you-have-email-apnea/

144 Van Erp, P. (2015, 24 augustus). Bergop, bergaf met The Iceman. https://skepsis.nl/wim-hof-methode/

145 Van Noort, W. (2018, 17 juli). Je moet véél meer lummelen en niksen. NRC. Geraadpleegd van https://www.nrc.nl/nieuws/2018/07/27/je-moet-veel-meer-lummelen-en-niksen-a1611414.

146 Mecking, O. (2019, 29 april). The case for doing nothing. The New York Times. https://www.nytimes.com/2019/04/29/smarter-living/the-case-for-doing-nothing.html.

147 Mann, S., & Cadman, R. (2014). Does being bored make us more creative? Creativity Research Journal, 26(2), 165-173.
Preiss, D., Cosmelli, D., Grau, V., & Ortiz, D. (2016). Examining the influence of mind wandering and metacognition on creativity in university and vocational students. Learning and Individual Differences, 51, 417-426.

148 Harvard Health Publishing. (2011, november). Giving thanks can make you happier. Harvard Medical School. https://www.health.harvard.edu/healthbeat/giving-thanks-can-make-you-happier

149 Watkins, P., McLaughlin, T., & Parker, J. (2019). Gratitude and subjective well-being: Cultivating gratitude for a harvest of happiness. In Scientific concepts behind happiness, kindness, and empathy in contemporary society (pp. 20-42). IGI Global.

150 Emmons, R., & McCullough, M. (2003). Counting blessings versus burdens: an experimental investigation of gratitude and subjective well-being in daily life. Journal of personality and social psychology, 84(2), 377.
Watkins, P., Woodward, K., Stone, T., & Kolts, R. (2003). Gratitude and happiness: Development of a measure of gratitude, and relationships with subjective well-being. Social Behavior and Personality: an international journal, 31(5), 431-451.
Wood, A., Froh, J., & Geraghty, A. (2010). Gratitude and well-being: A review and theoretical integration. Clinical psychology review, 30(7), 890-905.

151 Wood, A., Joseph, S., Lloyd, J., & Atkins, S. (2009). Gratitude influences sleep through the mechanism of pre-sleep cognitions. Journal of psychosomatic research, 66(1), 43-48.
DuBois, C., Beach, S., Kashdan, T., Nyer, M., Park, E., Celano, C., & Huffman, J. (2012). Positive psychological attributes and cardiac outcomes: Associations, mechanisms, and interventions. Psychosomatics, 53, 303–318
Eid, M., & Larsen, R. (Eds.). (2008). The science of subjective well-being. Guilford Press

152 Dewhurst, M., Guthridge, M., & Mohr, E. (2018, 16 februari). Motivating people: Getting beyond money. McKinsey & Company. https://www.mckinsey.com/business-functions/organization/our-insights/motivating-people-getting-beyond-money

153 Bradler, C., Dur, R., Neckermann, S., & Non, A. (2016). Employee recognition and performance: A field experiment. Management Science, 62(11), 3085-3099.

154 Sleep loss limits fat loss, study finds. (2010, 4 oktober). University of Chicago News. https://news.uchicago.edu/story/sleep-loss-limits-fat-loss-study-finds

155 Schneider, C., Fulda, S., & Schulz, H. (2004). Daytime variation in performance and tiredness/sleepiness ratings in patients with insomnia, narcolepsy, sleep apnea and normal controls. Journal of sleep research, 13(4), 373-383. Steptoe, A., O'Donnell, K., Marmot, M., & Wardle, J. (2008). Positive affect, psychological well-being, and good sleep. Journal of psychosomatic research, 64(4), 409-415.

156 Novati, A. (2012). Sleep loss, brain vulnerability and psychopathology: experimental studies on the neurobiological consequences of chronic sleep restriction in rats.

157 Möller-Levet, C., Archer, S., Bucca, G., Laing, E., Slak, A., Kabiljo, R., Lo, J., Santhi, N., von Schantz, M., Smith, C. & Dijk, D-J. (2013). Effects of insufficient sleep on circadian rhythmicity and expression amplitude of the human blood transcriptome. Proceedings of the National Academy of Sciences of the United States of America. 110. 10.1073/pnas.1217154110

158 Rosekind, M., Gregory, K., Mallis, M., Brandt, S., Seal, B., & Lerner, D. (2010). The cost of poor sleep: workplace productivity loss and associated costs. Journal of Occupational and Environmental Medicine, 52(1), 91-98.

159 Pang, A. (2016). Rest: Why you get more done when you work Less. Basic Books.

160 Heim, S., Klann, J., Schattka, K., Bauhoff, S., Borcherding, G., Nosbüsch, N., Struth, L., Binkofski, F. C., & Werner, C. (2017). A Nap But Not Rest or Activity Consolidates Language Learning. Frontiers in Psychology, 8, 665. https://doi.org/10.3389/fpsyg.2017.00665

161 Stilwell, B. (2019, 25 maart). Here's what NASA says is the perfect length for a power nap. Business Insider. https://www.businessinsider.com/nasa-research-found-the-perfect-length-for-a-power-nap-2019-3

162 Chin, J., Merves, M., Goldberger, B., Sampson-Cone, A. & Cone, E. (2008). Caffeine Content of Brewed Teas. Journal of analytical toxicology. 32. 702-4. 10.1093/jat/32.8.702.

163 Ebrahim, I., Shapiro, C., Williams, A. & Fenwick, P. (2013). Alcohol and Sleep I: Effects on Normal Sleep. Alcoholism, clinical and experimental research. 37. 10.1111/acer.12006.
Stein, M., & Friedmann, P. (2005). Disturbed sleep and its relationship to alcohol use. Substance abuse, 26(1), 1–13. https://doi.org/10.1300/j465v26n01_01

164 Haghayegh, S., Khoshnevis, S., Smolensky, M., Diller, K. & Castriotta, R. Before-bedtime passive body heating by warm shower or bath to improve sleep: A systematic review and meta-analysis. Sleep Med Rev. 2019 Aug;46:124-135. doi: 10.1016/j.smrv.2019.04.008. Epub 2019 Apr 19. PMID: 31102877.

165 Anderson, W., Reid, C., & Jennings, G. (1992). Pet ownership and risk factors for cardiovascular disease. Medical Journal of Australia, 157(5), 298–301. https://doi.org/10.5694/j.1326-5377.1992.tb137178.x

166 Bagliere, J. (2020, 27 september). Science shows watching cute animals is good for your health. CNN. https://edition.cnn.com/2020/09/27/us/watching-cute-animals-study-scn-trnd/index.html

167 Chiles, A. (2009, 30 maart). Reading can help reduce stress, according to University of Sussex research. The Argus. https://www.theargus.co.uk/news/4245076.reading-can-help-reduce-stress-according-to-university-of-sussex-research/

168 Ferreri, L., Bigand, E., & Bugaiska, A. (2015). The positive effect of music on source memory. Musicae Scientiae, 19(4), 402–411. https://doi.org/10.1177/1029864915604684

169 Hassanien, R., HOU, T., & LI, B. (2014). Advances in Effects of Sound Waves on Plants. Journal of Integrative Agriculture, 13(2), 335–348. https://doi.org/10.1016/s2095-3119(13)60492-x

170 Graff, V., Cai, L., Badiola, I., et al. Music versus midazolam during preoperative nerve block placements: a prospective randomized controlled study. Regional Anesthesia & Pain Medicine 2019;44:796-799.

HOOFDSTUK 6

HET LAATSTE PUZZELSTUKJE

171 Mautz, S. (2019, 4 april). NBA coach Greg Popovich just set the kind of record that great leaders shouldn't ever set. Inc.com. https://www.inc.com/scott-mautz/nba-coach-greg-popovich-was-tossed-63-seconds-into-a-game-setting-a-record-leaders-shouldnt-set.html

172 NBA fines San Antonio Spurs $250,000 for sitting players. (2012, 1 december). ESPN. https://www.espn.com/nba/story/_/id/8695865/nba-fines-san-antonio-spurs-250000-sitting-players

173 Boudway, I. (2018, 10 januari). The five pillars of Popovich. Bloomberg. https://www.bloomberg.com/news/features/2018-01-10/the-five-pillars-of-gregg-popovich

174 Coyle, Daniel (2018). The Culture Code: How to build belonging, 48-60, Bantam Books New York.

175 Yeager, D., Purdie-Vaughns, V., Garcia, J., Apfel, N., Brzustoski, P., Master, A., Hessert, W., Williams, M., & Cohen, G. (2014). Breaking the cycle of mistrust: Wise interventions to provide critical feedback across the racial divide. Journal of Experimental Psychology: General, 143(2), 804–824. https://doi.org/10.1037/a0033906

176 Coyle, D. (2018, 30 januari). How Gregg Popovich Uses 'Magical Feedback' to Inspire the San Antonio Spurs. Time. https://time.com/5125421/gregg-popovich-san-antonio-spurs-success/

177 Rozovsky, J. (2015, 17 november). The five keys to a successful Google team. re:Work. https://rework.withgoogle.com/blog/five-keys-to-a-successful-google-team/

178 Zak, P. (z.d.). The Neuroscience of Trust. Harvard Business Review. Geraadpleegd op 9 maart 2021, van https://hbr.org/2017/01/the-neuroscience-of-trust

179 Loorbach, T. (2015, 19 juli). Are you a human being or a human doing?! IMU. https://imu.nl/albert-sonnevelt/

180 Christakis, N., & Fowler, J. (2011). Connected. Little, Brown & Company.

181 Christakis, N., & Fowler, J. (2007). The Spread of Obesity in a Large Social Network over 32 Years. New England Journal of Medicine, 357(4), 370–379. https://doi.org/10.1056/nejmsa066082

182 Fowler, J., & Christakis, N. (2008). Dynamic spread of happiness in a large social network: longitudinal analysis over 20 years in the Framingham Heart Study. BMJ, 337(dec04 2), a2338. https://doi.org/10.1136/bmj.a2338

183 Eerlijke collega's belangrijk voor werkgeluk. (2019, 11 november). BeFrank. https://www.befrank.nl/blog/eerlijke-collegas-belangrijk-voor-werkgeluk/

184 The Earth Institute, Columbia University. (2012). World Happiness Report. https://www.earth.columbia.edu/sitefiles/file/Sachs%20Writing/2012/World%20Happiness%20Report.pdf

185 Suls, J., & Wheeler, L. (Eds.). (2013). Handbook of social comparison: Theory and research. Springer Science & Business Media.

186 Zelfdiscipline en hedonisme maken allebéi gelukkig. (2020, 7 augustus). Radboud Universiteit. https://www.ru.nl/nieuws-agenda/vm/2020/augustus/zelfdiscipline-hedonisme-maken-allebei-gelukkig/

187 Wilson, T. & Gilbert, D. (2003). Affective forecasting. Advances in experimental social psychology, 35, 345-411.

188 Gilbert, D. (Februari 2004). The surprising science of happiness. Presented at Ted2004, geraadpleegd van https://www.ted.com/talks/dan_gilbert_asks_why_are_we_ happy?language=nl

189 Pepping, G-J. (16 February 2010). Cheering convincingly increases chances of success. https://www.rug.nl/news/2010/02/opinie07_2010

190 Hyde, C. (2012). Pay It Forward. Simon & Schuster.

191 McLaglen, M. (Producent), Treisman, J. (Producent) & Leder, M. (Regisseur). (2000). Pay It Forward [Film]. Verenigde Staten: Warner Bros. Pictures.

192 Park, S., Kahnt, T., Dogan, A., Strang, S., Fehr, E., & Tobler, P. (2017). A neural link between generosity and happiness. Nature communications, 8, 15964. https://doi.org/10.1038/ncomms15964
Dunn, E., Aknin, L. & Norton, M. (2008). Spending Money on Others Promotes Happiness. Science (New York, N.Y.). 319. 1687-8. 10.1126/science.1150952.
Olff, M., Frijling, J., Kubzansky, L., Bradley, B., Ellenbogen, M., Cardoso, C., Bartz, J., Yee, J. & van Zuiden, M. The role of oxytocin in social bonding, stress regulation and mental health: an update on the moderating effects of context and interindividual differences. Psychoneuroendocrinology. 2013 Sep;38(9):1883-94. doi: 10.1016/j.psyneuen.2013.06.019. Epub 2013 Jul 12. PMID: 23856187.

193 Achor, S. (2011). The happiness advantage: The seven principles of positive psychology that fuel success and performance at work. Random house.

194 Lambert, N., Gwinn, A., Baumeister, R., Strachman, A., Washburn, I., Gable, S., & Fincham, F. (2013). A boost of positive affect: The perks of sharing positive experiences. Journal of Social and Personal Relationships, 30(1), 24-43.

My extra things

WWW.WORKSMARTPLAYSMART.NL